커피
셀프
토크

커피
셀프
Coffee Self-talk
토크

잠재의식을 깨우는 하루 5분 루틴

크리슨 헴스테터 지음 · 최영민 옮김

드림셀러

매일
5분의
기적

———

안녕하세요! 크리슨입니다. 이 책을 통해 여러분과 만나게 되어 기쁩니다. 저는 현재 40대 초반이고, 최근 인생에 엄청난 변화를 겪었습니다. 물론 이 변화 전에도 삶이 이미 꽤 멋졌다는 건 인정합니다. 저와 남편, 딸로 이루어진 우리 식구들은 좋은 친구와 가족에 둘러싸여 지내며 건강하고, 다양한 성공을 거뒀습니다. 진짜로 불평할 만한 것이 없었죠. 그런데도 저는 여전히 사소한 일로 계속 불평했습니다. 보통 이런 걸 배부른 소리라고 하나요?

그래서 우리 가족은 인생을 통째로 손에 움켜쥐고, '모든 걸 다 처분하고 세계 여행을 떠나자'라는 결정을 내렸습니다. 첫해에는 유럽 전역을 여행했습니다. 재밌고 신나는 경험이었지만 제가 이 여행을 무언가로부터, 더 정확히는 무언가의 결핍, 즉 목적이나 방향성을 상실한 인생으로부터 도망칠 핑계로 사용하고 있다는 생각

이 들었습니다.

　저는 대체로 인생을 긍정적으로 바라봅니다. 제 컵은 보통 반이 채워진 상태죠. 하지만 무언가가 빠져 있었습니다. 삶에는 마법이 없죠. 여행은 '삶에서 뭘 할지, 뭘 이루어낼지 알아내야 한다'는 생각을 잊게끔 주의를 분산시켰지만, 동시에 아이를 데리고 외국의 이 도시에서 저 도시로 옮겨 다니는 떠돌이 생활이 꽤 큰 스트레스를 안겨주기도 했습니다.

　저는 여행을 떠나기에 앞서 마음챙김 명상을 상당히 깊이 연구했습니다. 통제를 벗어난 것들에게 스트레스를 받기보다 균형을 찾고 '순리를 따르는' 도교 철학도 받아들였습니다. 이 2가지는 여행 중 평정심을 찾는 데 도움을 주었고, 결과는 매우 만족스러웠습니다. 하지만 여전히 길을 잃은 기분으로 침대에서 일어나 하루를

시작하기조차 싫었던 날도 너무 많았습니다. 왜 그랬을까요? 저는 '꽤 행복한' 사람이었고 스스로를 축복받고 운이 좋은 사람이라고 생각했는데 말입니다.

대체 왜 그렇게 오랫동안 긴장과 걱정에 짓눌린 상태로 지냈을까요? 여행 초반 6개월 동안 몸뚱이를 침대에서 끌어내기 위해 감사하기와 명상하기, 도교 철학에 의지했습니다. 앞서 말했듯이 꽤 잘 먹히는 방법이기는 했지만… 반짝이지 않았습니다. 제 삶이 빛나지 않았죠. 저는 제게 잠재된 모든 것을 느꼈고, 마음 깊은 곳에서는 행복하고 감사해야 할 것이 아주 많고, 황금빛으로 일렁거리며 독수리처럼 하늘 높이 날고 있어야 한다는 사실도 알았습니다. 하지만 그렇게 하지 못했습니다.

여행을 떠나고 7개월 후에 신경쇠약 증상이 나타났습니다. 집중

력과 방향성을 되찾으려 고군분투했지만 제 영혼에 어두운 밤이 찾아왔습니다. 힘들고 두려운 시간이었고, 무력감에 시달렸습니다.

하지만 폭풍우 없이 무지개를 볼 순 없습니다. 저는 신경쇠약에 걸렸던 경험을 바탕으로 새롭고 개선된 삶의 방식을, 그에 이르는 프로세스를 발견했죠. 기적 같은 이 프로세스는 매우 효과적이며, 제가 그랬듯 누구나 할 수 있습니다.

그때부터 이 글을 쓰고 있는 지금 이 순간까지 경이로운 변화를 계속 경험하고 있습니다. 영혼과 집중력, 밝은 빛을 찾았고 이제 독수리처럼 하늘 높이 날고 있습니다. 갇혀 있던 기쁨이 자유로워졌습니다.

저는 거대한 변화를 일으키고 멋진 인생을 살게 해주는 이 프로세스를 '커피 셀프 토크Coffee Self-talk'라고 부릅니다. 이 프로세스와

제 경험을 알려드리고 싶어 이 책을 쓰게 되었습니다.

이 책 속의 무언가가 여러분 인생에 불꽃을 튀게 만든다면 저는 까무러칠 듯이 행복할 거예요. 어머니는 늘 이렇게 말씀하셨습니다.

"요리책에서 좋은 레시피를 하나라도 건진다면, 그 책은 읽을 만한 가치가 있어!"

이 책을 읽으면서 인생을 뒤바꿀 하나의 아이디어(또는 10가지 아이디어!)를 얻어 가시길 바랍니다. 여러분이 더 행복하고 건강하게, 한 편의 서사시 같은 삶을 사는 데 도움을 드리고 싶습니다.

이제 당신이 활기찬 인생을 살아갈 차례고, 오늘은 가장 행복한 삶이 시작되는 날입니다. 이 책에서 설명한 방법과 팁을 적용하면

우리는 반드시 더 행복해지고, 인생과 격정적인 사랑에 빠질 것입니다.

함께 하늘을 날아봅시다. 당신은 이 기분을 누릴 자격이 있습니다. 우리 모두 자격이 있어요!

사랑을 담아,

크리슨

추신

제 글과 말이 때론 거칠 때도 있는데요, 사랑과 격정에서 우러나온 말이란 걸 알아주셨으면 좋겠습니다. 제가 어떻게 다르게 설명할 수 있을까요? 저는 열정적인 사람인걸요. (멋쩍은 웃음)

차례

1부

하루 5분 루틴으로
인생을 바꾸는
강력한 힘

1장

커피 셀프 토크를 시작해야 하는 이유

커피와 함께 하는 셀프 토크

'커피 셀프 토크'란 하루 5분으로 인생을 변화시키는 강력한 루틴이다. 이 루틴은 자존감을 높이고 마음을 행복으로 가득 채우면서 언제나 꿈꿔왔던 삶에 다가서도록 인생을 완전히 바꿔놓는다. 또 당신에게 온전하고 가치 있다는 느낌을 선사한다. 이 모든 일을 커피 한 잔과 함께 이루어낼 수 있다!

이 기적의 프로세스는,

❶ 모닝커피

❷ 셀프 토크

이 2가지로 구성돼 있다. 셀프 토크에 익숙하지 않은 분들은 안전 벨트를 단단히 매길 바란다. 우리는 지금 인생을 송두리째 바꾸는 셀프 토크 열차에 탑승했으니까.

셀프 토크 시작하기

'셀프 토크'라는 단어를 전혀 들어본 적이 없는 사람도 사실 평생 이 일을 해왔다. 오랫동안, 그러니까 아마 호모사피엔스가 말하기 시작했을 때부터 했을 것이다. 아주 간단히 말하자면 셀프 토크는 혼자 말하고 생각하는 단어들과 문장들이다. 이는 내면의 목소리 이자, 내면과 나의 대화이며 스스로를 바라보고 지칭하는 방식과 행동이다. 소리를 내기도 하고 침묵 속에서 일어나기도 한다. 의식 적으로 할 때도 있지만 보통은 자각할 때까지 알아채지 못한다.

스스로 똑똑하다고 생각하는가? 아니면 그렇지 않은가? 운이 좋 거나 혹은 나쁘다고 믿는가? 주변에 기회가 널려있는가 혹은 전혀 없는가? 스스로 잘났다고 여기거나 못났다고 생각하는가? 재능이 있다고, 혹은 없다고 느끼는가? 이 모든 질문과 답이 셀프 토크다.

보다시피 셀프 토크는 좋을 수도 있지만 나쁠 수도 있고, 도움이 되는 한편 위험할 수도 있다. 스스로에 대해, 혹은 자신의 인생에 대해 말하거나 생각하는 모든 것을 '진짜'라고 믿으며 확언하는 순간, (긍정적으로든 부정적으로든) 그 삶은 진실이 된다. 다시 말해 인간의 잠재의식은 문장의 진위와 상관없이 자신이 한 말을 믿고, 말하는 대로 행동한다는 것이다.

따라서 인생을 변화시키기 위해서는 잠재의식에 우리가 바라는 방식과 삶, 습관이 이미 존재하는 것이라고 인식시키는 프로세스가 필요하다. 그러나 말로는 간단해도 쉽게 할 수 있다는 뜻은 아니다. 우리 대부분은 스스로를 다정하게 대하는 것에 익숙하지 못하다. 그래서 마법 같은 변화를 위해서 나를 나의 절친으로 만드는 '커피 셀프 토크'가 필요하다.

셀프 토크의 역사는 아주 오래되었지만, 20세기가 되어서야 '셀프 토크'라는 이름으로 알려졌다. 사람들이 머릿속에서 내적 대화를 나눈다는 개념이 연구되기 시작한 시기는 1920년대. 1970년대와 1980년대에 생각과 말을 바꾸면 두뇌와 행동에 변화를 줄 수 있다는 사실이 밝혀지면서 이 용어가 널리 알려졌다. 그 결과 셀프 토크는 자기계발 상자 안의 인기 도구가 되었는데, 특히 고위급 간부, 사업가, 운동선수, 장교, 유용한 생활 팁을 공유하는 커뮤니티의 열성 팬 등 높은 성과를 목표로 하는 이들에게 큰 인기를 끌었다.

1980년대 중반에 섀드 헴스테터Shad Helmstetter 박사는《자기 자신과 대화할 때 무슨 말을 할까What to Say When You Talk to Your Self》라는 책을 썼다(한국에서는 《Self Talking》으로 번역되었다－옮긴이). 이 책은 60개 언어로 번역된 자기계발 분야의 고전이다. 이후 30년간 헴스테터 박사가 더 많은 저서를 집필했고, 세계 각지에서 강연하며 〈오프라 윈프리 쇼〉에 5번 출연한 것을 포함해 1,000번이 넘는 인터뷰를 하면서 셀프 토크는 점차 널리 알려졌다.

그 영향이 서서히 스며들었다. 만약 공공장소에서 아이에게 "너 같은 건 아무짝에도 쓸모가 없어!"라고 야단친다면, 그 모습을 본 행인들이 어떻게 반응할지 상상해보자. 현대인의 귀에 너무 충격적으로 들리는 이런 말이 예전에는 공공연했다는 사실은 쉽게 간과된다. 현시대 부모들은 부정적인 말의 해로운 효과가 아이의 삶에 오랫동안 영향을 미칠 수 있음을 안다. 헴스테터 박사는 이런 문화적 패러다임의 변화에 크게 이바지했다.

내가 15년 전 그레그를 만났을 때, 그의 아버지인 헴스테터 박사에 대해 듣지 못했다(그레그는 내 남편이다). 하지만 입 밖으로 내뱉거나 머릿속에서 떠올리는 단어와 말에 의미가 있다는 것은 익히 알고 있었다. 그런 단어와 말은 매우 중요하므로 신중히 선택해야 한다. 최소한 좋은 말은 하고 해로운 말은 하지 않는 습관이 들 때까지는 말이다. 습관이 되면 저절로 할 수 있다.

그리고 그런 셀프 토크 습관을 만드는 '커피 셀프 토크'는 개인 맞춤형 프로세스다. 이 프로세스는 자존감을 높이면서 신념과 행동을 정돈하는 고전적인 셀프 토크에 끝내주게 멋진 확언을 추가하고, 가장 좋아하는 책의 구절, 노래 가사, 인용구 등 영감을 주고 희망을 북돋는 단어까지 더한 조합이다. 물론 커피도 필요하다. 나는 이런 단어들, 커피, 매일 반복하는 의식의 조합이 기분, 행동, 깊은 내면의 감정에 강력한 영향을 끼친다는 것을 증명하는 산증인이다. 심지어 지금 그 순간의 인생 컨디션이 어떻든 상관없이 말이다.

셀프 토크는 그 자체로도 매우 유용하지만, 매일 하는 데일리 루틴을 만들면 더 빨리 성공하고 행복한 인생을 살 수 있다. 실제로 나는 커피 셀프 토크를 매일 빠짐없이 한다. 자존감이 높아지면 인생의 모든 것이 바뀐다. 사는 것이 설렌다! 모든 날이 다이아몬드처럼 빛나고 불운이 예정된 날도 좋은 날이 된다. 이 프로세스는 인생의 모든 것을 업그레이드한다. 좋은 것은 증폭시키고 안 좋은 것은 약화시킨다. 이 루틴은 분명히 우리 세상에 큰 영향을 미친다.

인생이 예측할 수 없는 변화구를 던져도 요리조리 피하거나 빠르게 회복할 수 있다. 마법이 아니라 신경과학이지만, 정말 마법처럼 신비롭다. 더 강력하고 빠르게, 효율적으로 대처하면서 행복하고 평온한 상태로 앞을 향해 나아갈 수 있다.

인생을 바꾸는 당신의 여정에 도움이 되고자 책 후반부에 내가

만든 커피 셀프 토크 스크립트 샘플을 수록했다. 커피 셀프 토크를 업그레이드할 팁도 곳곳에 수록했다. 매일 커피를 마시며 내게 맞는 완벽한 셀프 토크 시간과 내용을 찾아보자.

셀프 토크는 단순히 긍정적이라는 뜻일까?

어떤 방면에서는 긍정적인 사고와 관련 있지만, 완전히 똑같다고 할 수 없다.

긍정적인 사고는 중요하다. 원하는 결과를 위해 노력할 (또는 위험을 감수할) 예정이라면 그 목표가 가능하다고 믿어야 한다. 셀프 토크는 믿음을 형성하도록 돕고, 부족한 부분을 강화한다. 따라서 셀프 토크는 가능한 일, 그중에서도 실제로 이룰 수 있는 일을 더 긍정적이고 건설적인 시선으로 바라보게 한다.

회의론자들은 종종 '긍정적인 사고'가 비현실적이거나 희망 사항일 뿐이라고 코웃음을 치곤 한다. 행동에 따른 리스크를 가늠하는 데 실패하는 것과 마찬가지로, 이들의 말은 가끔 들어맞는다. 하지만 할 수 있다고 생각하는 것과 실제로 할 수 있는 것에는 큰 차

이가 있다. 인간은 본능적으로 긍정적인 결과에 도전하기보다 부정적인 결과를 두려워하는 위험회피적인 성향을 띤다. 하지만 우리는 모두 위험을 조금씩 더 감수할 수 있다. 우리가 걱정하는 다양한 위험들은 만들어진 두려움을 기반으로 한다. 실패에 대한 두려움, 남들이 어떻게 생각할 것인가에 대한 걱정 등은 유년기부터 믿어왔던, 생각에서 비롯된 환상의 괴물이다.

긍정적인 사고는 환상에서 벗어나 자신에게 정말로 가능한 것이 무엇인지 훨씬 더 정확하게 평가하는 효과가 있다.

물론, 주의할 점도 있다. 때로 긍정적인 사고는 문제가 진짜로 존재하지 않는다고 착각하게 만들면서 오히려 정말 '문제'를 일으킬 가능성도 있다. 문제와 과제는 당연히 존재한다. 또 아무런 조처도 하지 않고 문제가 그냥 없어질 것이라고 여기는 사고나 행동이 안 좋은 건 마찬가지다.

하지만 제대로 된 셀프 토크는 문제가 사라지길 '기도'하는 것과 전혀 상관이 없다. 오히려 완전히 반대다. 이 프로세스는 주도적인 방식으로 새로운 관점을 제시하고 문제를 해결하기 위해 행동할 힘을 길러준다. 그리고 많은 경우에 애초에 문제가 발생하지 않도록 예방한다!

자기애와 나르시시즘은 같은 것일까?

아니다. 사실 이 둘은 거의 상반된 개념이다. 나르시시즘 Narcissism 은 스스로를 과도하게 흠모하는 것이다. 여기에서의 핵심 단어는 '과도하게'다. 나르시시즘의 극단적인 버전인 병리적 나르시시즘 Pathological Narcissism 은 극심한 이기주의와 공감 부족, 특권 의식, 칭찬 받으려는 욕구, 다른 사람보다 더 잘났고 똑똑하며 더 많이 누릴 자격이 있다는 믿음을 특징으로 하는 성격장애다.

중요한 건, 모든 나르시시즘의 원인이 심각한 자기혐오라는 것이다. 이때 자아 ego 는 스스로를 터무니없는 수준까지 인위적으로 부풀리며 주변에 있는 모든 사람을 깎아내림으로써 자기 자신을 보호한다.

정말 자신감이 있는 사람들은 자랑하지 않는다. 그럴 필요를 느끼지 못하기 때문이다. 관심을 갈구하지도 않는다. 자신이 언제나 '옳아야 한다'고 생각하지 않는다. 평소에 자신만만해하던 사람이 이런 특성을 내비친다면, 우리가 실제로 보는 것은 외부로부터 인정받으려고 발버둥 치는 그의 겁먹은 자아다.

한마디로 나르시시즘은 두려움을 기반으로 한다.

Coffee Self-talk

자기애 self-love 는 그 반대다.

자기애가 결핍된 사람들은 목표를 달성할 자격이 있다고 생각하는 것을 어려워한다. 이런 사람들은 종종 시작한 일을 끝까지 해내지 못하는 등 무의식적으로 자기 앞길을 스스로 가로막는다. 하지만 많은 긍정적인 셀프 토크 확언은 견고하고 긍정적인 변화를 가능케 하는 자기애의 단단한 주춧돌이 된다.

커피 셀프 토크 스크립트에는 아래와 같이 자기애와 자기 확신을 북돋는 확언이 포함되어 있다.

> 나는 아름답고 창의적인 천재다.

> 나는 용감하다.

> 나는 나를 사랑한다.

> 나는 훌륭하다.

> 나는 신비롭다.

> 나는 눈부시게 빛나는 매력적인 사람이다.

위와 같은 문장들은 뇌에 자기애와 자기 신뢰를 프로그래밍하려는 매우 특별한 목적을 위해 설계되었다. 이는 사람마다 다르므로

다른 사람에게 셀프 토크 방법을 가르쳐주거나, 자기애 개념을 전파하거나, 친구나 사랑하는 이들에게 사례를 보여주는 것이 아닌 이상, 여기저기 퍼뜨리는 문장이 아니다. 뽐내려는 말도, 다른 사람들에게 인정받기 위해 사용하는 문장도 절대 아니다.

뇌가 이렇게 믿고 느끼도록 프로그래밍하면 이런 생각은 내재되어 다양한 방식으로 발현된다. 일부는 겉으로 선명하게 드러나고, 일부는 기쁨과 행복으로 물든 내면의 신비로운 정신 상태에 영향을 끼쳐 겉으로 보이지 않을 수도 있다. 이는 나르시시스트의 '과도함'과는 매우 다르다.

아이디어를 퍼뜨린다는 주제가 나온 김에 잠시 이 이야기도 해야겠다. 코로나19 팬데믹이 일어난 뒤 6개월 동안 우리 가족은 내 어머니 집에 머물렀다. 그때도 나는 나의 셀프 토크 습관을 유지하고 싶었다. 내가 좋아하는 루틴 중 하나는 커피 셀프 토크 문장 몇 가지를 알록달록한 포스트잇에 하나씩 적어 20장 정도 만든 다음, 3~4장을 화장실 거울에 붙이고 며칠에 한 번씩 바꾸는 것이다.

어머니와 화장실을 같이 쓰고 있었기 때문에 포스트잇에 대해 미리 말했다. 어머니는 아마 이상하다고 생각했던 것 같지만, 이게 나에게 얼마나 중요한지와 내 성공과 행복에 어떤 핵심적인 역할을 하는지 설명하자 언제나 그랬듯이 매우 열렬히 지지해주었다.

그리고 남들에게 말하진 않았지만, 마음속으로는 포스트잇을 거울에 붙여놓으면 어머니도 그 문장들을 읽게 되리라 생각했다!

　이동이 제한된 시기라 아무도 집에 초대하지 않았지만, 만약 손님들이 와서 그 포스트잇을 봤더라도 다들 신경 쓰지 않았을 것이다. 솔직히 말하면, 많이 좋아했을 수도 있다. 거울에 붙여둔 포스트잇은 내 삶을 바꾼, 그리고 어쩌면 그들의 삶에도 변화를 가져다줄지 모르는 비결을 공유할 기회였다. 공적으로든 사적으로든 자기 자신을 사랑하는 일이 사랑이 깃든 공간에서 비롯되면 좋지 않은가.

　다시 어머니의 집으로 돌아가서, 무슨 일이 벌어졌는지 알아 맞춰보시라! 어머니 역시 자신만의 포스트잇을 몇 장 만들어서 거울에, 그러니까 내 포스트잇 바로 옆에 붙이기까지 했다!

지시형 셀프 토크 vs 동기부여형 셀프 토크

셀프 토크에는 두 종류가 있다. 첫 번째는 지시 사항이 나열된 목록을 활용하는 '지시형 셀프 토크'다. 운동선수와 연기자들이 이 유형을 자주 활용한다. 예를 들어, 골프 선수는 공을 칠 준비를 하면서

더 좋은 기록을 내려고 지시 목록을 속으로 읊고 수많은 농구 선수가 자유투를 던지기 전에 짧은 셀프 토크 루틴을 거친다. 연기자들도 이와 비슷한 방식으로 무대에 오를 준비를 한다.

이런 셀프 토크는 테크닉과 집중력, 실행력 향상에 도움을 주기 때문에 운동선수와 연기자에게 굉장히 효과적이다. 셀 수 없이 많은 시간 동안 반복하고 또 반복한 신경학 및 생리학적 패턴 전체가 쏟아져 나오는 시발점을 제공하기 때문이다. 또 '그 영역' 또는 '몰입 상태'로의 진입을 돕는다. 지시형 셀프 토크는 사람들이 현재에 집중하고, 과거에 범한 오류 또는 실수에 대한 두려움에 방해받지 않도록 도움을 주기도 한다.

두 번째는 이 책에서 집중적으로 다루는 '동기부여형 셀프 토크'다. 이 유형은 자존감을 높이면서 더 큰 추진력을 발휘하며 더 열심히 노력하고, 가장 적합하고 이상적인 사고방식을 갖추게 한다. 동기부여형 셀프 토크로 우리는 꿈꿔온 일들을 이루고, 그 과정에서 아무도 못 말리는 무적의 존재가 된 기분을 만끽할 수 있다. 더 구체적으로 말하면, 이 셀프 토크는 크고 작은 개인적 목표와 직업적 목표를 달성할 수 있게 돕는다. 몸을 치유하고 더 건강한 삶을 사는 데도 도움을 준다. 재정 상태를 개선하거나 이상형에 맞는 짝을 찾을 때도 활용할 수 있다.

셀프 토크가 인생을 개선하는 데 도움을 줄 방법은 무수히 많다.

긍정적이든 부정적이든,
모든 셀프 토크는 '지금'에 영향을 준다

앞서 셀프 토크가 좋고 나쁨의 양방향으로 작용한다고 이야기했다. 우리에게는 어떤 인생을 살지 선택할 힘이 있는데, 그 힘은 뇌와 입에서 비롯된다. 자기 자신을 향해 말하고 생각하는 단어들은 그 단어와 똑같은 삶을 살게 한다. 그래서 좋은 셀프 토크는 좋은 인생의 기반이 된다. 나쁜 셀프 토크는 쓰레기 같은 인생을 만드는 확실한 레시피다.

그럼 나쁜 셀프 토크가 무엇인지 어떻게 알 수 있을까? 쉽다. 자신과 인생, 처한 상황, 혹은 세상을 비관적으로 바라보는 모든 단어와 생각이다. 어떤 것 또는 어떤 사람에 대해 비판하거나 불평하는 말은 나쁜 셀프 토크다. 허벅지 사이즈가 마음에 들지 않는가? 이건 나쁜 셀프 토크다. 운전대를 잡고 자동차가 별로라며 불평을 늘어놓고 있는가? 형편없는 셀프 토크다. 스스로 더 높은 임금을 받을 자격이 없다고 생각하는가? 엉망진창인 셀프 토크다. 자신이 멋진 사람으로부터 사랑받기에 부족하다고 여기는가? 이건 완전히 말 같지도 않은 셀프 토크다. 좋은 셀프 토크는 반짝거리는 생각의 소용돌이가 뇌에서 기분 좋게 빙글빙글 돌다가 입술에 닿는 것과 비슷하다. 단어나 문장을 떠올리거나 직접 말했을 때 희망과 활기가 샘솟는 기분을 느낀다. 좋은 결과 달성에 대한 자축. 어떻게 해도 자기 모습이 멋지다는 생각. 원하는 목표에 도전해볼 용기 또는 능력이 있다고 스스로에게 말해주는 것. 이 모두가 좋은 셀프 토크의 예시다. 마음을 채우고 영감을 주거나, 가치 있고 온전한 사람이라고 느끼게 만드는 모든 단어는 끝내주게 멋진 셀프 토크다.

좋은 셀프 토크와 나쁜 셀프 토크 중 어느 것을 사용할지는 당신이 결정한다. 당신의 선택이다.

당신의 꿈에 생명을 불어넣고, 비전에 힘을 실어라.
그리고 당신의 길에 불을 비춰라.
— 섀드 헴스테터

그렇다면 인생을 바꾸는 좋은 셀프 토크는 어떻게 시작하면 좋을까? '나는 이제부터 좋은 셀프 토크를 할 거야!'라는 말은 꽤 간단하게 들리지만, 쉽게 할 수 있다는 뜻은 아니다. 자기 자신에게 다정한 말을 하는 것은 일부 사람들, 특히 자존감이 낮은 사람에게

는 어려울 수 있다. 좋은 셀프 토크에 사용되는 단어들이 그 사람의 자아상과 너무 어울리지 않아서 입이 떨어지지 않을지도 모른다. 하지만 결국 해낼 수 있을 테니 걱정할 필요는 없다.

장담하건대, 한 번 시작해보면 정말 쉬워진다. 게다가 재미도 있다!

잠깐 시간을 내어 마지막으로 거울을 들여다봤던 순간을 떠올려 보자. 혼자서 무슨 생각(또는 말)을 했는가? 오늘 아침에 옷을 입고 이를 닦을 때 자기 자신과 몸에 애정을 느꼈는가? 그랬다면 정말 잘했다! 하이파이브! 그 상태를 유지하면 설렘과 기회가 가득한 하루를 보낼 수 있다. 이미 온몸을 던져 셀프 토크에 한 발 뛰어든 것이다. 확실하다!

하지만 장밋빛으로 빛나는 순간이 아니었을 수도 있다. 부정적으로 말하고 생각했는가? 스스로를 비난했는가? 만약 그렇다면 더러운 돼지우리 안을 둥둥 떠다니는 먼지와 벌레처럼 온종일 여러분을 따라다닐 부정적인 에너지를 만든 것이다.

그래도 괜찮으니 걱정하지 마라. 아니 괜찮다기보다는… 정상이다. 아무튼, 내가 하고 싶은 말은 이제 고치면 되니까 걱정하지 말라는 것이다. 커피 셀프 토크 구조대가 출동한다! 자, 여기 신나는 소식이 있다! 우리는 새로운 성격을 만들고, 완전히 새로운 사람으로 다시 태어날 수 있다!

어쩌면 자신에 관한 관심을 끄고 멍한 상태로 아무 생각 없이 이를 닦았을지도 모른다. 좋지도, 나쁘지도 않은 시간이었다고 할 수 있겠지만, 놓쳐버린 기회인 것은 마찬가지다.

그래도 역시 걱정할 필요는 없다. 우리는 얼마든지 바뀔 수 있다.

끝내주게 멋진 셀프 토크를 향해

인생을 바꾸거나 더 풍요롭게 만들어줄 좋은 셀프 토크는 단순하다. 긍정적이고 희망적인 생각을 최대한 자주 선택하는 것이다.

특출난 건강을 얻고 싶다면 건강한 셀프 토크를, 돈을 많이 벌고 싶다면 부유한 셀프 토크를, 자신감을 키우고 싶다면 힘을 북돋는 셀프 토크를 한다. 모든 것은 단어와 생각, 느낌, 언어… 즉, 우리에게서 시작한다. 돈은 스스로 벌 자격이 있다고 느낄 때 더 많이 벌 수 있다. 마음 깊숙한 곳에서 자격이 없다고 느낀다면 셀프 토크로 이 상태를 뜯어고치자.

특출난 건강은 온전하다는 느낌에서 비롯된다. 온전하다는 느낌은 정신과 몸, 건강, 습관에 대한 단어들로 프로그래밍할 수 있다. 개선하거나 바꾸고자 하는 것이 무엇이든 셀프 토크는 변화 속도

를 10배씩 가속할 것이다. 즉, 셀프 토크는 시작점일 뿐 아니라 목표를 달성하는 데 가장 큰 원동력으로 작용한다. 의식적으로 좋은 것을 선택하는 연습만 좀 하면 된다.

좋은 셀프 토크 연습은 '난 정말 생산적이고, 글을 잘 써' 같은 문장을 속으로 생각하는 것처럼 간단하다. 또는 누군가가 "안녕하세요, 요즘 어떻게 지내세요?"라고 물었을 때 "끝내주죠!" 또는 "굉장해요!"라고 크게 대답하는 방법도 있다.

처음에는 이상하게 느껴질지도 모른다. 과장되고 우스꽝스럽거나 황당하고 낯설 수도 있다. 하지만 맹세하건대, 많이 해볼수록 더 재밌어진다. 특히 사람들의 반응이 재밌다. 나는 어떻게 지내냐는 물음에 "잘 지내요"라는 전형적인 대답을 기대하는 사람들의 예상을 깨고 "끝내주죠!"라거나 "기절초풍할 만큼 환상적이에요!"라고 소리치는 것을 좋아한다.

상대방이 흠칫 놀라는 모습을 보면 웃음이 나온다. 충격받은 표정이 사라지고 나면 그들은 약간의 경외심을 담아 '우와. 음, 정말 멋지네요'라고 대답한다.

어색함이 모두 없어지면 이런 긍정적인 사고가 우리의 새로운 기준이 된다. 기준이 바뀌면 크고 긍정적인 확언이 아니면 무언가 빠진 것 같은 불편함을 느낀다. 긍정적인 셀프 토크를 할 때 처음부터 그 단어들을 믿지 않아도 된다는 것을 기억하라. 시간이 지날수록 믿음은 강화된다! 이것이 셀프 토크의 마법이다.

지금껏 나쁜 셀프 토크를 했어도 누구나 지금부터 바로잡을 수 있다. 당신에게는 그럴 힘이 있다. '나는 건강하다', '나는 멋지다', '나는 영향력이 있다', '나는 자신감이 넘친다' 등의 문장을 말함으로써 정신이 당신이 원하는 삶의 방향으로 움직이도록 명령할 수 있다. 셀프 토크는 인생을 원하는 방향으로, 당신이 직접 설계한 새로운 운명으로 이끈다('운명destiny'은 문자 그대로 '목적지destination'라는 뜻이다). 아주 쉽다.

기억하라, 매 순간 인생을 희망차게 만들고 강인한 생각을 할 자유, 혹은 하지 않을 자유가 있다. 우리는 선택할 수 있다. 모든 선택은 변화를 일으킬 기회다.

오로지 긍정적으로 셀프 토크하라

내 셀프 토크를 들었던 순간은 꽤 충격적이었다. 여태껏 괜찮게 해왔다고 생각했지만…. 전혀 그렇지 않았다. 괜찮은 수준에 근접하지조차 못했다. 솔직히 말해 엉망이었다.

긍정적인 생각도 많이 하지만, 부정적인 생각도 많이 한다는 사실을 깨달은 순간 가슴이 철렁 내려앉았다. 나는 나를 혹독하게 비판했고 스스로에 대해, 그리고 전반적인 세상에 대해 부정적인 의견과 생각을 많이 내놓았다. 비판 대상은 흰머리나 주름, 너저분해 보이는 옷차림, 먹는 음식, 재정 상태, 에너지 수준, 처한 상황, 주변인 등 그 어떤 것도 가리지 않았다.

나는 대체로 긍정적인 사람이지만(적어도 내 생각에는 그랬다), 불평거리를 끔찍이도 많이 찾아냈다. 아주 작은 불평일지라도 자존감과 건강, 인생 경험을 서서히 깎아내린다. 하지만 이 사실을 모르고 있었다! 여기가 바로 교묘한 지점이다. 나는 나쁜 셀프 토크를 해도 해롭지 않을 만큼 충분한 양의 좋은 셀프 토크도 하고 있었던 것이다. 전체적으로 봤을 때 '충분히 좋은' 수준의 셀프 토크를 했으므로 부정적인 말을 한다는 사실을 알아채지 못했다.

예를 들어 하루에 긍정적인 셀프 토크를 63번하고 부정적인 셀프 토크를 37번 했다고 가정해보자. 긍정적인 셀프 토크가 우세했기에 부정적인 기분보다 긍정적인 기분을 더 강렬하게 느낀다. 즉, 변화가 필요하다고 느낄 만큼 부정적이지 않았다. 하지만 그런 식의 부정적인 포인트가 단 하나만 있어도 뇌에 단기적으로든 장기적으로든 영향을 미친다. 단 하나만이라도!

나는 모든 부정적인 생각이, 설령 그것이 아주 작은 생각이더라도, 나를 무너뜨린다는 사실을 알지 못했다. 이런 생각들이 모이면 모든 것을 방전시킨다. 기회는 전력망이 끊어졌을 때 불이 꺼지듯, 혹은 마술사가 트릭을 써서 펑! 하고 사라지듯이 없어진다. 부정적인 셀프 토크는 이렇게나 강력하며, 바라지 않은 인생을 우리 앞에 갖다 놓는다. 이 인생은 우리가 마땅히 살아야 할 인생이 아니다.

정신이 번쩍 들었다. 이와 같은 통찰과 자기반성의 순간은 마음을 부드럽게 만들기도 했지만, 내가 그토록 오랜 시간 동안 나 자신에게 얼마나 나쁜 사람이었는지 깨달으면서 슬픔을 느낀 경험이기도 했다. 내가 내 인생을 불필요하고 해로운 어둠 속에 가둬두었다는 사실을 자각하며 애통해했다. 하지만 개선의 여지가 정말 많았기에 힘이 솟기도 했다. 뜻깊은 일이다.

이제 나에게 희망을 줄 기회가 엄청 많다. 부정적인 쓰레기 토크를 도려낸 빈자리를 모두 긍정적인 단어로 채우자 이 통찰은 마음 한가운데에 타오르는 불을 지폈고, 나는 변화하는 내 인생을 완전히 받아들였다. 전부 받아들였다! 물론 완전한 변화는 어려운 도전이다. 그래도 솔직히, 부정적인 셀프 토크는 전혀 필요하지 않다. 빵(0). 제로(0). 매번, 아무리 작은 말이라도 대가가 따른다. 상처를 1,000번 입고 죽는 것과 비슷하다. 한 번의 부정적인 사례나 생각으로 바로 죽지는 않지만, 해로운 표현을 할 때마다 누적된 독에 서서히 죽어간다.

오늘 나의 인생을 책임져라

외부 상황이나 남들의 결정에 덜 의존하면 엄청난 힘을 거머쥘 수 있다. 스스로에 대한 생각이 곧 우리의 '진실'이므로 셀프 토크는 중요하다. 이 진실은 인생이자 운명이 된다. 생각해보자. 지금 느끼는 기분은 과거에 부모님과 선생님, 친구들, 텔레비전, 소셜 미디어 등이 프로그래밍하고 오늘 아침과 어제 하루, 지난주, 지난달에 당신이 한 생각에 따라 결정되었다. 이는 실제로 오늘을 즐겁게 보낼지, 혹은 지루하거나 엉망으로 보낼지 결정짓는 주요인이다.

스스로 변화해야 한다. '내'가 하지 않으면 '내' 인생은 나아지지 않을 것이다. 좋은 소식은 필요한 모든 것이 바로 여기, 바로 지금 우리 안에 있다는 것이다. 전부 당신에게 달려있다. 우리는 우리 내면에서 행복과 성공의 마르지 않는 샘물, 샘솟는 온천수를 찾을 수 있다! 지금껏 그런 힘이 있다는 사실을 몰랐을 뿐이다.

너무 형편 좋은 말이라고 생각하는가? 그렇지 않다! 이는 당신이 마땅히 살아야 할 삶의 방식이다. 닫힌 문을 상상해보라. 문 너머에는 빛과 사랑, 자신감, 설렘, 별똥별이 가득 쏟아지고 꿈이 현실이 되는 멋진 인생이 있다. 반대편에는 여러분이 있다. 손잡이에 손을 올려놓은 채 그 자리에 서 있다. 그 문을 열기 위해 할 일은 '문을 여는' 생각뿐이다. 제다이 Jedi(영화 〈스타워즈〉에 등장하는 집단. 생각으로 은하계의 에너지를 사용하는 특별한 능력을 지니고 있다 - 옮긴이)의 힘과 비슷하다.

인생에 희망을 주는 올바르고 긍정적인 말이 바로 '문을 여는' 생각이다. 생각하라. 그러면 문고리가 황금빛으로 바뀌고 따스한 빛이 일렁거리며, 우리가 전달한 에너지로부터 빛이 뿜어져 나온다. 지금 자신에게 향한 생각과 함께 희망찬 기분에 휩싸인다. 손잡이가 아주 부드럽게 돌아간다. 문을 열고 언제나 알고 있었던, 원하는 모든 것을 이루어낸 자신의 인생을 향해 걸어 들어간다.

문은 늘 당신이 발걸음을 내딛기만을 기다리며 그 자리에 있었다.

인생은 내면에서 우러나오는 것이다.
내면을 바꾸면 인생의 외면이 바뀐다.
- 카말 라비칸트 Kamal Ravikant

Coffee Self-talk

2장

어떻게 인생을 사랑하게 만드는가

커피 셀프 토크 프로세스
(짧은 버전)

커피 셀프 토크는 쉽다!

1 매일 커피(또는 차나 물 등 즐겨 마시는 음료 아무거나) 한 잔을
  준비한다.

2 앉아서 커피를 마시는 동안 맛을 음미하라. 커피 맛을 느껴보고,
  동시에 머릿속을 강력한 확언(자기 자신에게 하는 말)으로 가득
  채워라.

3 더 큰 결과를 얻고 싶다면 소리내서 확언을 말해라.

이게 끝이다.

참고로 아래 구절은 내 개인적인 커피 셀프 토크 스크립트 중 일부다.

- 나는 인생을 사랑한다. 나는 내 인생을 사랑한다. 나는 나를 사랑한다!
- 나는 지금 내 인생에 있는 모든 것을 축복한다. 내 커피, 내 의자, 내 침대, 내 가족, 내 친구들, 내 인생 전부를 축복한다.
- 나는 멋진 사람이다. 나는 친절하고, 아름답고, 관대하기 때문이다.
- 인생에서 내가 돌아보는 모든 곳은 기회로 가득 차 있다. 나는 도전하고 있다!
- 나는 오늘을 사랑한다. 내 하루를 내가 책임지기 때문이다. 나는 내 하루를 내가 원하는 대로 만든다! 나는 내 안에 있는 강력한 힘을 느낀다.
- 나는 지금 이 순간 희망이 차오르는 기분을 느낀다. 내가 나를 돌보기 때문이다. 나는 내 하루를 준비하고 오늘을 생애 최고의 날로 만들기 위해 이 시간을 사용할 자격이 있다.
- 나는 오늘 끝내주게 멋진 하루를 보내고 있다! 나는 환하게 웃으며, 매시간 일어날 모든 일을 기대하고 있다.
- 나는 성공과 부, 풍요, 그리고 내 모든 소망을 끌어당기는 자

석이다.

- 나는 지금 바로 모든 두려움을 떠나보낸다. 휘이이이익!
- 나는 내가 죽기 전까지 이루어낼 성공에 대한 책임을 진다. 나는 임무를 수행하고 있는 사람이다.
- 나는 이 끝내주는 기분을 사랑한다! 좋아아아!!

이런 생각과 기분을 청사진으로 삼아 뇌와 몸에 지시를 내리면 더 좋은 선택이 가능하고 실수는 줄어들며 감정적으로 강해져서 가능하다고 상상했던 것 이상으로 인생을 사랑할 수 있게 된다.

몇몇 결과는 즉시 느낄 수 있다! 처음에는 말하면서 약간의 거부감이나 어색함을 느낄 수도 있다. 그래도 꾸준히 2~3주 동안 계속하면 어떤 식으로든 변화할 것이다. 이 변화는 극적인 변화다. 마치 새로운 사람이 된 것처럼 말이다.

왜 커피를 마시면서 할까?

전통적인 셀프 토크 방법에 맛있고 따뜻한 카페인 음료를 한 모금씩 마시라는 내용은 없다(음료가 무엇이든 상관없다. 이제부터 내가 '커피'라고 말할 때마다 그냥 여러분이 선호하는 음료로 대체해서 생각하라).

그러나 내가 찾은 방법에 의하면, 셀프 토크를 매일 아침에 마시는 커피와 연동했을 때 아래와 같은 효과를 볼 수 있다.

1. 의식화

어떤 행동을 의식화하면 그 행동에는 특별한 의미가 생긴다. 이 '의미'는 행동에 더 큰 중요성을 부여해서 그 행동을 더 진지하게 받아들이게 만든다. 의식적인 요소는 많을수록 좋다. 의식은 반복되기 때문에 부분적으로 자동화되는데, 이는 어떤 행동을 습관으로 만드는 데 핵심적인 역할을 한다.

2. 지속화

많은 이들이 모닝커피를 하루도 빠뜨리지 않고 마실 것이다. 인생

에서 일어나는 90퍼센트의 성공은 효과가 나타날 때까지 무언가를 충분히 오랫동안 지속한 결과일 뿐이다. 목표가 운동이건, 다이어트건, 재테크 계획이건, 승진이건, 이 게임의 핵심은 지속성이다. 쉽사리 건너뛰지 않을 일상 루틴을 셀프 토크와 연동하면 장기적인 웰빙과 성공의 복합적인 혜택들을 좀 더 쉽게 얻을 수 있을 것이다.

3. 다중감각화
의식화된 셀프 토크를 커피 마시는 행위와 연동시키면, 단어와 문장들이 맛있고 따뜻한 음료를 마시는 감각적, 생리적 경험과 이어진다. 만약 그 음료에 카페인이 들어 있다면 우리는 셀프 토크 확언을 말하면서 뇌 기능 개선에 도움되는 각성제 섭취라는 추가 혜택을 얻는 것이다. 이는 뇌가 우리가 말하는 내용에 더 집중한다는 뜻이다. 그러니까 앞으로 마시게 될 모든 커피는 파블로프가 저녁 식사를 알리는 종을 울릴 때마다 개들이 침을 흘리게 됐던 것처럼, 우리의 가장 강인하고 슬기로운 정신 상태를 즉시 촉발하는 '상태의 존적' 자극이 될 것이다.

4. 즐거움
솔직히, 커피는 맛있으니까.

커피 셀프 토크가 인생을 사랑하게 만드는 이유는?

매일의 셀프 토크와 커피를 합친 루틴은 내가 내 인생에 거대한 변화를 불러일으키기 위해 사용한 방법의 하나다. 매일 아침 커피와 함께 그날의 시작부터 신선하고 새로운 관점에서 행동하고 꿈을 자각하도록 스스로에게 힘을 부여한다.

20대 초반부터 나는 '셀프 토크'라는 단어를 알지 못하는 채로 동기부여형 대화를 연습하거나, 골프채를 휘두르기 전에 지시 목록을 쭉 훑어보거나, 면접 전에 자신감을 끌어올리기 위해 셀프 토크를 시도했다. 나에게, 어쩌면 우리 모두에게 셀프 토크는 낯설지 않을 것이다.

서점 내 자기계발서 코너에 들락거리며 셀프 토크 지식을 쌓고 규칙적으로 셀프 토크를 하면서 내 인생은 몇천만 배는 더 좋게 됐다. 삶이 확실히 쉬워졌다. 끝내주게 멋진 삶을 살고 거의 항상 믿기지 않을 정도로 행복한 기분을 느낀다. 커피와 함께하는 셀프 토크로 말이다.

잠시 커피를 이렇게 생각해보자. 완전한 자기 신뢰라는 초능력을 주는 신비로운 마법의 묘약! 나도 안다. 좀 우스꽝스럽게 들리겠

지만, 조금만 참아보자. 이 말이 유치하게 들리는 이유는 커피만으로 이런 효과가 나타나지 않기 때문이다. 하지만 셀프 토크에는 이런 효과가 있다!

생각을 바꾸면 뇌가 변화하고 집중력의 정도가 달라지며 현실에 변화를 준다. 지금까지와는 다른, 새롭고 긍정적 생각을 통해 새 선택지를 얻고, 이로 인해 새로운 행동을 한다. 행동이 더 좋은 방향으로 가면 새로운 경험이 쌓이고 신선한 기분을 느낄 수 있다.

커피를 마시면서 이런 셀프 토크를 하면 둘은 뇌 안에서 연결된다. 커피와 셀프 토크라는 일종의 의식을 매일 반복함으로써 커피를 마시는 경험에 셀프 토크의 혜택을 연동하는 것이다.

어떤 특정한 먹이를 먹고 나서 방사선에 노출되었던 (그리고 병에 걸렸던) 쥐들이 후일 같은 맛을 느꼈을 때 방사선 노출 없이도 병에 걸렸다는 사실을 아는가? 뇌는 항상 이렇게 말도 안 되는 짓을 한다! 이런 일들을 현실에서 일어나게 만든다! 그래서 커피와 함께하는 셀프 토크는 뇌가 가진 이 이상한 재주를 활용해서 언제든 가장 강력한 정신 상태를 불러들이는 방법이 될 수 있다. 매일 아침! 또는 하루에 여러 번! 짜잔! 완전히 새로운 사람이 된 것을 환영한다!

특히 커피 셀프 토크는 기다리지 않아도 된다는 점에서 좋다. 효과는 즉각적이다. 바로 그 순간에 모든 것이 벅차오른다. 어느 정도

시간이 지난 뒤에 나타나는 혜택(인생을 전반적으로 풍요롭게 만드는 것 등)도 분명히 있긴 하지만, 매일 처음 말하는 단어와 문장들은 바로 그날 더 큰 행복을 느끼게 한다. 에너지를 즉시 끌어올리고(음, 카페인의 영향도 있긴 하다…. 하하), 슈퍼스타급 성공을 거두는 하루를 준비한다.

다르게 표현해보자. 우울하거나 정신이 나간 상태였을 때 커피를 마시며 셀프 토크를 읊으면 그런 형편없이 낮고 슬픈 감정에 계속 머무르지 않는다. 매번 0에서 10으로 확 위치를 조정한다는 뜻이 아니라(나를 포함한 다른 많은 이들이 이렇게 극적인 효과를 경험하기는 하지만), 좋은 쪽으로 방향을 전환한다는 말이다. 그리고 움직이고 있는 물체는 계속 움직이는 상태를 유지하려고 한다.

그러므로 희망적인 것들을 말하거나 읽는 사람은 완전한 어둠 속에 계속 머물지 않는다. 어떻게든 도움이 된다. 0에서 3으로, 심지어 0에서 1로 조금 이동해도 된다. 더 나은 것을 향한 변화라는 것이 중요하다. 커피 셀프 토크는 매번 좋은 쪽으로 차이를 벌린다. 시간이 지날수록 그 차이는 조명을 켠 것처럼 분명해질 것이다. 익숙해지면 단 한 번의 커피 셀프 토크만으로 즉시 0에서 10으로 이동할 수 있다. 그렇게 뇌를 훈련했기 때문이다.

이런 훈련에서 중요한 요령은 규칙적으로 커피 셀프 토크할 시간을 갖는 것이다. 아니, 솔직히 말해서 스스로를 향해 긍정적인 말

을 걸 타이밍을 하루에 수천 번도 넘게 찾을 수 있다. 침실에서 부엌으로 걸어가면서, 소변을 보거나 이를 닦으면서, 운전하면서, 음식을 요리하면서. 이 모든 시간은 내적 목소리를 활용해서 희망찬 기분을 만들 기회다.

하지만 시간을 정해서 모닝커피를 마시며 셀프 토크를 하면 하루도 빠뜨리지 않을 수 있다. 자기 자신을 존중하는 커피 애호가에게 커피 없는 하루란 있을 수 없으므로 이 방법은 완전히 규칙적인 좋은 습관이 된다! 익숙해지면 커피를 마시기만 하면 저절로 셀프 토크를 하게 된다.

여기서 끝이 아니다. 커피 셀프 토크는 커피를 한 모금 마실 때마다 머릿속에 처음으로 떠오르는 푹신한 무지개색 구름을 생각하는 것이 아니다. 전혀 그렇지 않다. 훨씬 더 계획적이다.

지속해서 긍정적인 셀프 토크를 하는 것은 의심할 여지 없이 인간의 잠재의식에 줄 수 있는 최고의 선물이다.

– 에드먼드 엠비아카Edmond Mbiaka

커피 셀프 토크 프로세스
(기본 버전)

1 펜과 종이, 다이어리, 컴퓨터, 메모장이나 스마트폰을 준비한다
   (나는 스마트폰에 있는 메모장 앱을 사용한다).

2 자신의 멋진 점 15~20가지 정도를 적는다. 1인칭 현재형 시제를
   사용한다. 예를 들어, '나는 행복하고 섹시한 백만장자다'가 있다
   (나는 아직 진짜 백만장자가 아님에도 이렇게 말한다. 이처럼 미
   래를 마치 현재인 양 말하는 것은 매우 중요하다). 이런 15~20개
   의 구절은 각자의 셀프 토크 스크립트고, 여기에는 직접 만든 강
   력하고 긍정적인 확언, 마음을 밝히는 노래 가사, 나에게 영감을
   줄 수 있는 1인칭 시제로 바꾼 인용구 등이 포함된다. 이 구절들
   을 매일 사용하고 언제든지 자유롭게 수정할 수 있다.

3 잠에서 깨어나서 맛있는 커피를 가져온 다음, 앞서 만든 스크립
   트를 반복해서 읽는 동안 커피를 한 모금씩 마신다. 커피잔이 빌
   때까지 커피를 계속 마시면서 반복한다. 가능하다면, 속삭이더
   라도 겉으로 소리내어 읽는 편이 가장 좋다. 매일 아침 커피를 마
   시며 루틴을 반복하면서 이 시간을 당신만의 커피 셀프 토크 시

간으로 만든다.

4 당신이 방금 창조한 멋진 하루를 즐겨라.

위 내용은 솔직히 수박 겉핥기일 뿐이다. 이 루틴이 그토록 강력한 이유와 나만의 슈퍼 커피 셀프 토크 프로그램을 만드는 방법을 배우려면 이 책을 계속 읽어라.

커피 셀프 토크 '습관 쌓기'

어느 날 제임스 클리어James Clear의 《아주 작은 습관의 힘Atomic Habits》을 읽다가 작가가 '습관 쌓기'라고 부르는 것을 내가 나만의 방식으로 하고 있다는 사실을 깨달았다. 습관 쌓기는 커피 셀프 토크가 매우 효과적인 이유 중 하나다. 긍정적인 습관 1가지, 즉 셀프 토크를 커피 마시기라는 이미 좋아하는 또 다른 습관 위에 쌓는 것이다. 이를 통해 시간을 효율적으로, 유리한 방향으로 사용할 수 있다.

나의 경우에 사랑하는 커피 마시기에 셀프 토크를 더함으로써 오랜 시간 동안 지속되는 메가 파워 공급 습관을 상대적으로 큰 노

력 없이 형성할 수 있었다. 만약 이 습관을 커피 없이 만들려고 했다면… 음, 습관이 됐을 것이라고 장담할 수가 없다. 다행히, 결과적으로 내 데일리 커피 타임은 하루를 빛는 눈부신 확언으로 가득 채워졌다. 신기하게도 커피를 마시는 시간이 예전보다 더 즐겁다! 그러니까 오래전부터 해왔던 매력적인 습관과 새롭게 습관화하고자 하는 행동을 연동해서 힘을 강화하는 것. 바로 이것이 습관 쌓기다.

우리는 아마 대부분 이미 커피를 마시고 있다. 이제 시간을 더 현명하게 사용하기 위해 그 시간에 더 큰 목적, 그러니까 의도를 부여하자. 소셜 미디어를 확인하거나 이메일을 훑어보는 대신, 단 몇 분만에 행복과 개인적 유효성을 증진하자.

습관 만들기에 대해 이해해야 할 중요한 것이 몇 가지 있다. 우선 어떤 새로운 습관을 만들고 싶을 경우, 그 습관에 좋은 감정과 매력을 느낀다고 믿으면 도움이 된다. 다른 사람이 추천해서가 아니라 나 스스로 그렇게 믿기 때문에 하는 것이다. 그 습관이 자신에게 유익하다고 의식하면 우리의 의지와 목표가 같은 선상에 놓인다. 이렇게 되면 저항이 사라지고, 성공에 도달하기 위한 프로세스가 빠르게 진행된다.

시간과 장소에 대한 계획도 세우면 좋다. 계획이 있으면 행동을 지속할 확률이 높아진다. 커피 셀프 토크는 정확히 이런 계획이다! 기존의 습관과 얻으려는 새 습관의 연결은 자기강화self-reinforcing 루

프가 된다. 새롭게 탄생한 당신의 끝내주게 멋진 정체성은 다른 변화를 일으키기 위해 셀프 토크 습관을 다시 강화할 것이다.

모닝커피의 맛과 향에 연동된 프로세스는 머지않아 오전 시간뿐 아니라 다른 시간대에도 커피를 마시면 머릿속에서 긍정적인 셀프 토크가 저절로 시작되게 한다. 예를 들어, 아침에 커피 한 잔을 마시고 이른 오후 시간에 두 번째 커피를 마신다면 우리 머릿속은 긍정적인 셀프 토크의 영역으로 알아서 걸어 들어갈 수밖에 없다. 아니, 원두를 로스팅하거나 커피를 내리는 카페를 지나치는 것만으로도 긍정적인 셀프 토크를 작동시킬 수 있다! 당신에게 이 일이 처음 일어났을 때, 당신은 알겠다는 듯이 고개를 끄덕이면서 빙그레 웃게 될 것이다.

생각을 바꾸면, 당신의 세상이 바뀐다.
- 노먼 빈센트 필 Norman Vincent Peale

3장

커피 셀프 토크의 9가지 혜택

가장 중요한 것부터 시작하자! 누구나 셀프 토크가 주는 거대한 변화와 회복력을 얻을 수 있다. 여자, 남자, 어린이, 청소년, 노인….모두가 즉시 혜택을 끌어모을 수 있다. 셀프 토크를 시작하고 매일 꾸준히 하겠다고 다짐하기만 하면 된다. 시작해보면 셀프 토크가 쉽고 커피만큼 중독성이 있다는 사실을 알게 될 것이다.

혜택 1

매력적인 인생을 만들어준다!

커피 셀프 토크는 강력한 프로그램이다. 스스로 선택한, 인생을 빚는 간단한 긍정 확언을 연속적으로 말하는 것으로 새로운 정체성

을 형성할 수 있기 때문이다. 이런 확언들은 단순하게 보이지만 우리에게 깊은 영향을 미친다. 이 강력한 내적 대화는 잠재의식을 바로잡고, 형성하고, 뇌를 새롭게 프로그래밍하며 실제로 사람을 변화시킨다. 이때 뇌와 몸은 기분을 좋게 만드는 신경전달물질과 엔도르핀을 잔뜩 생성하기 때문에 활기찬 기분을 느낀다.

긍정의 문장들과 황금빛 단어들이 입술을 떠나는 순간, 커피 셀프 토크는 불꽃 튀는 에너지와 열정으로 인생을 어마어마하게 매력적으로 만든다.

일단 시작해보면 무슨 뜻인지 정확히 이해할 수 있다. 작고 큰 변화들로 우리는 더 여유로우면서 덜 비판적인 사람이 되고, 소름 끼칠 만큼! 행복해진다. 승승장구하고, 말로 설명할 수 없는 멋진 우연들이 자꾸만 일어나면서 이게 꿈인지 생시인지 자기 살을 꼬집어볼지도 모른다. 그런 일들이 예사롭게 여겨지면, 그 멋진 삶이 우리, 즉 당신의 새로운 표준, 즉 뉴노멀New normal이 된다. 그렇게 바뀐 인생은 힘들게 애쓰지 않아도 부드럽게 흘러간다.

마법이라도 부린 것 같지만, 사실 과학이다. 우리가 선택한 단어들은 행동을 구체적인 방향으로 프로그래밍하고, 우리가 고른 구절들은 신체적 반응을 일으키는 화학물질을 분출해 특정한 느낌과 감정을 일으킨다. 커피 셀프 토크로 만들어낸 좋은 감정들은 엔도르핀(아편성 펩타이드opiate peptide)과 도파민('보상' 호르몬), 세로토

닌('행복' 호르몬), 옥시토신('사랑과 유대' 호르몬) 등 '기분이 좋아지는' 신경전달물질을 생성하는 데 도움을 준다. 사실 과학자들은 이런 물질들을 점점 더 많이 발견하고 있는데, 하나의 예시로 '축복 세포'라고 알려진 신경전달물질 아난다미드anandamide가 있다. 뇌는 우리 감정이 고조되어 있을 때 이 물질을 만든다. 정말 멋지다!

이렇게 상황에 적합하고 영향을 극대화할 단어를 선택하면 이런 단어들은 어떤 상황에서도 멋진 기분을 느끼게 해주고(단기적 혜택), 장기적인 꿈을 실현하게 해준다. 사실 커피 셀프 토크는 내가 여태껏 불가능하다고 생각했던 로맨스 소설 작가가 될 수 있었던 큰 이유다.

이렇게만 말해두겠다. 커피 셀프 토크를 하면 어디에서나 더 유리한 기회와 의미 있는 관계, 즐거운 시간을 발견하게 될 것이다. 세상을 바라보는 관점이 통째로 변할 것이다. 예전에 알아보지 못했던, 사실은 언제나 그 자리에 있었던, 특별한 가능성이 갑자기 나타날 것이다. 불가능하다고 생각했던 목표를 이룰 수 있게 된 자신과 마주하게 될 것이다.

혜택 2
자기 자신을 사랑하게 만든다!

첫째, 셀프 토크에는 자기 자신에 대한 다정한 말과 생각이 당연히 포함된다. 그 말과 생각에 반응해서 우리 스스로를 향해 친절하게 행동하게 된다.

예를 들어 자기 몸에 만족하지 못하는 한 사람이 있다고 가정해 보자. 거울에 비친 자기 몸을 볼 때마다 불평을 늘어놓고 한숨을 쉬었다. 하지만 이제 스스로에게 더 좋은 말과 생각을 주기로 했다. 자기 자신을 새로운 방식으로 말함으로써 더 밝게 빛나고, 그 빛을 다시 자기 자신에게 비추겠나고 마음먹었다. 비록 아직은 자기 몸이 불만족스럽고, 평소에 느끼는 감정이 아니더라도, 스스로와 몸에 대한 다정한 확언을 시작한다.

이 새로운 '나는 나를 사랑해' 루틴을 지속하고 난 며칠 뒤부터 변화는 시작된다. 스스로를 더 부드럽고 친절하게 대하며 자기비판이 줄었음을 깨닫는다. 이로부터 일주일 후, 자기가 그 어느 때보다 예뻐 보인다. 자신을 향한 친절함이 말로 계속 표현되면서 메아리처럼 돌아왔고, 이제 이 사람은 정말로 전에 없었던, 눈부신 빛에

둘러싸인 자신을 보기 시작했다.

정말 말도 안 되는 일, 그러니까 마법 같은 일은 실제로 더 아름다워졌다는 것이다. 말 그대로 더 매력적인 사람이 되었다. 인간은 주로 표정과 자세, 몸가짐, 버릇, 말투, 자신감 등 신체적 요소에 미묘한 변화를 주는 미세한 조정을 무의식중에 겪는다. 눈부신 사랑의 빛이 흘러나오기 시작하면, 사람들이 알아본다!

일부 사람에게 이 변화는 처음에 다소 느리게 일어날 수 있다. 단어를 말하는 행위에 진정성이 없다고 느껴질 수도 있지만, 괜찮다. 계속 노력하라. 반드시 효과가 있다. 우리는 반드시 변할 것이다.

또한, 스스로에 대한 깊은 사랑을 느끼기 위해 셀프 토크를 사용하면 자기 자신을 진심으로 믿게 되기 때문에 꿈을 이루기가 더 쉽다. 게다가 이전만큼 스트레스를 받지 않고 회복력이 강해진다. 우리는 주위를 즐겁게 하는 사람이 된다. 꿈을 실현하는 데 자기애가 미치는 영향력을 과소평가하지 말자.

핵심은 지금 상태 그대로의 자신을 사랑하면서 뇌가 우리의 새로운 모습을 바라보게 하는 것이다. 예를 들어, 몸을 다 만든 후에 자기 자신을 사랑하겠다며 기다리지 말라는 것이다. 그보다 지금 상태 그대로의 자신을 사랑한 다음, 더 근육이 많은, 더 날씬한 사람이라는 새로운 정체성을 형성함으로써 힘들게 애쓰지 않고도 변화를 일으킬 수 있다.

어떻게 가능한 걸까? 아주 간단하다. 우리가 지금의 자신을 사랑한다면, 스스로를 사랑하는 데 도움이 되는 선택을 할 것이다. 그런 선택들은 애쓸 필요 없고, 스트레스나 불평으로 가득 차 있지도 않다. 예를 들어보자면, 지금 몸을 사랑하기에 더 건강한 음식을 선택하거나, 몸에 맞게 양을 줄일 수 있다. 의식하지 못한 채. 모든 일은 무의식 속에서 일어난다. 자신의 몸을 사랑하는 사람은 몸을 혹사하는 경우가 드물다.

아니면 이렇게 생각해보자. 어쩌면 몸을 사랑해도 무시무시한 칼로리의 초콜릿 케이크를 선택할지도 모른다. 왜냐하면 당신은 스스로를 사랑하고 케이크를 즐기기 때문이다. 케이크를 먹는 내내 자기 자신을 사랑하고, 케이크를 한 입 먹을 때마다 음미하고, 죄책감을 전혀 느끼지 않을 것이다. 이런 생각도 매우 강력한 힘이 있다!

첫 번째 예시는 아마 쉽게 이해할 수 있을 것이다. 자연스럽게 몸에 좋은 음식을 택하고, 이 선택은 더 건강해지는 데 도움을 준다. 두 번째 예시인 무시무시한 케이크는 조금 설명이 필요하다. 이 경우는 스스로에게 아주 큰 기쁨과 사랑을 느끼기 때문에 죄책감이나 스트레스 호르몬, 부정적인 기분이 비집고 들어올 틈이 없고, 몸이 그 음식을 건강하게 흡수한다는 뜻이다. 물론 자기 자신을 미친 듯이 사랑하니까 케이크를 매일 먹어도 된다고 권하는 것은 아니다. 어차피 첫 번째 예시 때문에 그런 일은 잘 일어나지 않는다. 스

스로를 사랑하는 마음은 더 나은 선택을 하도록 행동을 변화시키며, 우리가 더 좋은 선택을 내리면 더 잘살게 된다. 케이크를 매일 먹는 것은 자신을 사랑하는 정체성과 일관되지 않으므로, 우리는 자신에게 해로운 짓을 하고 싶지 않을 것이다.

하지만 이게 전부가 아니다! 매일 스스로를 사랑하고 받아들이는 것은 우리를 건강하게 한다. 세포가 야단법석을 떨면서 행복해지고, 단백질과 호르몬이 몸을 에워싸면서 염증을 감소시키고 더 튼튼한 미래를 위해 몸을 재건한다. 자존감이 높아지고 자기애가 하늘 높이 솟아오르면 (둘 다 커피 셀프 토크의 결과물이다) 식사나 운동 습관을 바꾸지 않고도 신진대사의 변화만으로 몸을 바꿀 수 있다! 조금 이상하지만 뇌는 이런 일, 특히 몸과 신진대사, 유전자 발현, 면역력, 일반적인 건강과 관련된 일들을 이루어낸다.

자기 자신을 먼저 사랑하기에 앞서 자신을 사랑해줄 다른 사람을 기다리지 말자. 스스로를 먼저 사랑하면 멋진 누군가가 마치 마법처럼 걸어 들어올 것이다. '끌어당김의 법칙'이 여기서 작동한다. 사랑이 많은 사람은 사랑이 많은 사람에게 끌린다. 올바른 에너지를 뿜어내면 다른 사람들도 알아채고 매력을 느낀다.

인생을 개선하거나 재건하기 위해 위기를 기대하지 말자. 위기를 자극제로 삼지 말자. 큰 문제가 없는 괜찮은 인생을 살고 있다면 조처해야 할 나쁜 사고가 닥치길 기다리지 말아라. 그 대신 숨을 한

번 들이쉴 때마다, 오늘 모습 그대로 자신과 인생을 사랑하고 인정하며 감사함을 느끼자. 목이 마르기 전에 우물을 파라! 커피 셀프 토크는 지금 당장 시작할 수 있다. 아래는 살면서 따라야 할 중요한 원칙이다.

'스스로를 사랑하는 것'은 꿈을 실현하기 위해 충족해야 하는 전제 조건이다.

성공하고 싶다면, 끝내주게 멋지고 아름다운 기분과 에너지가 가득 찬 기분을 느끼고 싶다면, 인생을 더 편안하게 춤추며 살고 싶다면, 커피 셀프 토크를 사용해 스스로를 사랑하라.

우리가 선천적으로 가지고 태어난, 자기 자신을 사랑할 권리를 사용할 때 모든 것이 밝아지고, 빛나고, 가벼워지고, 강력해진다. 어떤 일이 벌어지고 있는지 상관없이 기분이 나아진다. 이별? 팬데믹? 해고? 상처투성이 배신? 괜찮다. 스스로를 사랑하면 스스로가 온전한 사람, 자격이 있는 사람임을 계속 느낄 수 있다. 스스로를 온전하고 자격 있는 사람이라고 느낄 때 당신에게는 한계가 전혀

없다. 막힘이 없다. 당신은 사랑스럽고, 자격이 있고, 멋지다. 자기애는 올바른 사람들, 올바른 기회, 올바른 상황을 인생으로 끌어들인다.

혜택 3
행복을 준다!

셀프 토크는 우리의 자존감과 웰빙, 열정을 크게 강화한다. 그에 따라 몸과 정신은 치유되고 개선된다. 이는 반복하는 과정을 버텨내야 얻을 수 있는 결과물이며, 긍정적인 셀프 토크가 가져다주는 어마어마한 행복 역시 그에 따른 결과임을 잊지 말자.

행복이 순간 속에 존재한다는 사실을 아는 것은 매우 중요하다. 이는 우리가 선택한 모든 순간이 행복할 수 있음을 뜻하기 때문이다. 커피 셀프 토크는 지속적, 반복적으로 긍정적인 선택과 순간을 만든다. 그러다 마치 행복 링거를 맞은 것 같은, 행복한 순간들의 연속되는 흐름을 만드는 장기적인 행복 패턴이 생긴다. 이 패턴은 인생을 전체적으로 빛나게 만든다.

연구에 따르면 행복한 사람들은 더 생산적이고, 도움이 되고, 활동적이고, 호감형이다. 스트레스도 덜 받는다. 그러므로 더 큰 회복력과 건강, 창의력을 가지고 돈을 더 많이 버는 행복한 사람이 되자! 아자, 아자!

더 큰 행복을 누리자. 행복은 전부 머릿속에 있다. 모든 것은 우리에게 달려있다. 주변에서 어떤 일이 일어나고 있건, 상황이 어떻건, 당신이 아이였을 때 혹은 어제 업무 시간 중에, 아니면 10분 전에 어떤 쓰레기 같은 일이 일어났건 상관없다. 당신이 어떻게 반응하고 앞으로 나아갈지는 100퍼센트 당신에게 달려있다. 커피 셀프 토크가 증명해줄 것이다.

혜택 4
회복력을 높여준다!

감정 조절이 쉬워지고 외부의 사건이나 머릿속에 무작위로 떠오르는 생각에 쉽게 동요하지 않게 되면 셀프 토크가 건강하고 '방어적인' 습관이라는 사실을 깨달을 것이다. 반복적인 커피 셀프 토크로

우리의 자존감은 그런 일에 흔들리지 않도록 단단해진다. 외부 상황과 타인의 의견은 내적 가치(자존감)가 증가함에 따라 점점 비중이 줄고 가벼워진다. 이렇게 되면 총알은 튕겨 나오고(음, 물론 비유적인 의미의 총알만 그렇다), 우리는 다시 일어나서 계속 나아갈 회복력과 힘을 얻는다.

회복력에 중요한 유연성과 참을성은 커피 셀프 토크의 가장 중요한 혜택 중 하나다. 마치 갑옷과 같다. 갑옷으로 자신을 보호하며 더 열심히 노력하고, 더 높은 곳을 향해 손을 뻗고, 더 큰 위험을 감수할 자신감과 용기를 얻는다. 데이트를 신청하거나, 마땅히 받을 만한 임금 인상을 요청하거나, 유튜브에 동영상을 올리거나, 사업을 시작하거나, 오픈 마이크 나이트open-mic night(카페나 술집 같은 곳에서 사람들이 장기를 자랑할 수 있도록 마련해둔 자리 - 옮긴이)에서 재능을 뽐낼 자신감 같은 것 말이다. 아니면 심지어 소설도 쓸 수 있다! 어떤 방식으로든 당신은 더 이상 거절당하는 것을 두려워하지 않고, 새로운 일에 도전하며, 그 도전으로부터 배우기 위해 전방을 주시한다.

이건 나에게 딱 맞는 얘기다. 작가로서 자기 자신을 사랑하는 것은 독자 후기(으악!)를 보고도! 정신줄을 놓지 않게 해준다. 낯선 사람이 남긴 부정적인 후기 하나가 얼마나 쉽게 하루를 망칠 수 있는지 아는가? 설령 좋은 후기가 넘쳐나는 바닷속을 떠다니는 단 하

나의 특이한 의견이라고 하더라도 여전히 기분이 나쁘고, 나를 절망을 향해 굴러떨어지게 만든다. 하지만 자존감이 높고 스스로를 사랑하면 다른 사람의 의견에 크게 신경 쓰지 않는다. 그 의견으로부터 보호받고 심지어는 혹시라도 개선될 만한 내용이 있는지 객관적이고 냉정한 시선으로 비판을 들여다볼 준비까지 할 수 있다.

혜택 5

사랑, 돈, 건강을 찾아준다!

커피 셀프 토크는 인생을 매우 다양한 방식으로 개선하지만, 다음 3가지 분야에서 가장 큰 효과를 발휘한다.

- 사랑
- 건강
- 돈

이어질 내용에서 이 항목들을 더 자세히 다루긴 하지만, 우선 커

피 셀프 토크가 일생의 사랑 또는 관계에 도움이 될 수 있다고 말해두고 싶다. 많은 이들에게도 익숙한, 영화로 만들어지는 바로 그런 종류의 사랑. 왜냐하면 셀프 토크가 우리가 진정한 모습을 찾도록 도와주기 때문이다. 진정한 모습을 찾으면 그 진짜 모습과 천생연분인 사람을 끌어당기는 데 도움이 된다.

많은 사람이 셀프 토크를 질병 혹은 부상으로부터 회복하거나, 균형 잡힌 멋진 몸을 만들거나, 아니면 단순히 전체적인 웰빙을 개선하는 등 건강을 증진하는 데 사용하고 있다(3부 참고).

그리고 셀프 토크를 통해 자신감과 창의력이 생기면 부와 풍요로움이 증가해 은행 계좌에도 도움이 된다(3부 참고). 더 많은 기회와 문이 열리고, 스스로를 정말 행복하게 만드는 것에 집중하면서 더 현명하게 소비할 수 있게 돕는다.

혜택 6
꿈을 보다 빨리 이뤄준다!

내가 셀프 토크를 데일리 루틴으로 만들기 위해 필사적으로 노력

하는 이유는 '해피 섹시 백만장자'가 되겠다고 결심했을 때, 이 꿈을 최대한 빨리 실현하고자 했기 때문이다. 매일 일관되게 진전하는 것이 목표를 이뤄내는 가장 빠른 방법이다.

셀프 토크는 내 안에 있는 해피 섹시 백만장자라는 운명을 발현시키는 핵심 요소다. 또한, 내 태도와 자존감을 높은 상태로 유지하기 위해 활용하는 도구 중 하나다. 이 도구는 나를 화물열차처럼 칙칙폭폭 앞으로 나아가게 만든다. 단 하루도 빠짐없이. 매일. 내가 해피 섹시 백만장자를 향해 떠난 여정 중에 배운, 그리고 뒤에서 여러분에게 공유할 내용처럼, 끌어당김의 법칙(그리고 꿈 실현하기)의 핵심 요소는 온종일 고조된 감정을 유지하는 것이다. 이 결과를 가장 쉽게 달성하는 방법이 커피 셀프 토크다.

꿈처럼 멋진 인생과 그 인생에 도달하기 위해 이뤄야 할 목표를 생각하는 것만으로는 목적지에 빠르게 도착할 수 없다. 원하고 소망하는 것을 목록으로 만드는 행동만으로는 풍족한 삶에 천천히 다가가게 된다. 물론 막다른 골목은 아니지만, 그렇다고 해서 로켓처럼 빠른 속도로 달리는 썰매를 탄 것도 아니다.

생각과 목표, 인생의 포부를 한계가 없고 가슴 뛰는 사랑으로 가득 찬 고조된 감정과 결합하면 마법이 일어난다. 뇌의 생각하는 부위와 감정을 느끼는 부위가 하나가 되면, 생각과 행동에 일관성이 생기고 (자기 불신 등의) 쓰레기 같은 장벽이 모두 사라지면서 우

리는 포뮬러 원_{Formula One} 경주차에 앉아 바라는 인생을 향해 쏜살 같이 달릴 수 있다.

마음이 이런 감정으로 가득 차 있으면 두려움이 들어설 틈이 없어진다. 두려움을 전혀 느끼지 못한다면 인생이 어떨지 상상해보자. 이전의 나는 두려움 속에서 허우적거리곤 했다. 이제 두려움은 사실상 전부 사라졌다. 두려움을 느꼈던 때와 지금의 차이는 충격적일 정도로 크고, 나는 절대 예전의 모습으로 돌아가지 않을 것이다.

혜택 7
새로운 모습으로 만들어준다!

꿈을 이룬 뒤, 자신감 넘치고 행복해하는 모습을 상상해보자. 그렇게 되면 얼마나 멋질까? 힘겹게 터덜터덜 걸어가는 인생이 아니라 웃음을 머금고 항해하는 인생은 얼마나 다를까? 더 큰 에너지와 활기, 자신감이 있다면 매일, 매주, 매달 얼마나 더 많은 일을 해낼까? 전부 다 생각해보자. 이 모든 결과는 잿더미에서 날아오르는 불사조처럼, 새로운 습관인 커피 셀프 토크를 통해 일어날 일이다.

계속 반복하지만, 우리가 말하고 생각하는 긍정적인 확언과 생각은 무의식에 내리는 명령이다. 이 단어들은 뇌를 위한 지도다. 이 단어들이 머릿속을 가득 채우고, 습관이 되면 당연히 이전과 다른, 새로운 선택을 한다. 그러면 끝내주게 멋진, 새로운 내가 탄생한다. 내가 설계한 모습 그대로 말이다!

하나 또는 그 이상의 능력을 새롭게 개발하길 원하는가? 더 용감하거나, 재밌거나, 창의적인 사람이었다면 어땠을지 궁금했던 적이 있는가? 글을 더 잘 쓰는 사람이 되고 싶은가? 건강한 몸을 만들고 싶은가? 너무 긴장하지 않고 여유 있는 사람이 되고 싶은가? 자, 꿈꾸는 그 모습이 될 수 있도록 특별히 설계된 커피 셀프 토크를 주기적으로 하면 성격과 태도를 바꿀 수 있다.

커피 셀프 토크는 나를 정말 새롭게 만들었다. 내가 글을 더 잘 쓸 수 있게 만들어주었고, 헬스장에 가고 싶지 않은 날에도 헬스장에 갈 수 있도록 동기를 부여했다. 나를 더 좋은 엄마, 더 로맨틱한 아내로 만들었다. 내 목록은 여기서 끝나지 않는다. 더 있다. 여러분도 나와 똑같은 경험을 얻을 수 있을 것이다.

혜택 8
자신감을 높여준다!

커피 셀프 토크는 스트레스받거나 긴장되는 상황에 직면해도 나 자신을 사랑할 수 있게 하고 즉시 내가 안전하게 있을 장소를 만든다.

자신감을 건강하게 높인 덕분에 나는 이제 어느 때보다 편안하게 사람들과 대화를 시작할 수 있으며, 낯선 사람들과 쉽게 이야기한다. 심지어 아직 잘 구사하지 못하는 언어를 쓰는 이탈리아에서도 오해받거나 실수에 대한 두려움 없이 사람들에게 다가간다. 이런 태도는 더 많은 것(나의 경우 이탈리아어)을 배우게 해줄 뿐 아니라, 더 많은 기회를 열어준다. 예를 들어, 나는 때때로 낯선 사람과 나눈 단 한 번의 대화로 완전히 새로운 사람들의 모임에 발을 들이기도 한다. 여기서 만난 사람들에게 문제 해결법을 배우거나 반대로 내가 도움을 줄 방법을 찾거나, 그냥 새로운 친구를 사귀기도 한다. 이런 경험은 언제나 승리로 끝난다.

예전에 블로그 포스팅을 쓰거나 책을 출간한 뒤 기뻐하기보다 불안해하다가 이 성취의 경험을 흐려놓은 적이 있다. 내 글이 세상에 공개되면 내가 취약해진 기분이었다. 다른 사람들이 내가 쓴 글을 어떻게 받아들일지 궁금했다. 눈을 찡그리고 계속 소셜 미디어를 확인했다. 사람들이 내가 쓴 글을 좋아하고 있나?

그딴 건 다 집어치워 버리자! 이제 나는 내가 창조해낸 예술 작품을 기쁘고 흥분된 상태로 세상에 당당하게 내보낸다. 나는 세상에 무언가를 제공할 가치가 있는 뛰어난 작가이며, 내 글은 창의력의 원천으로부터 나온다는 사실을 뇌에 프로그래밍했다. 나는 창의력이 넘치는 사람이기 때문에 끊임없이 창작할 수 있다고 스스로 되뇌이고 있다. 그리고 이 방법은 먹혔다!

나는 이제 더 이상 다른 사람들의 반응을 걱정하지 않는다. 어떤 사람들은 내 글을 좋아할 것이고 어떤 사람들은 좋아하지 않을 것이다. 내 글을 좋아하는 사람들은 내 독자이고, 그렇지 않은 사람들은 독자가 아니다. 나는 글을 쓰고 공유하는 과정이 엄청나게 즐겁기 때문에, 계속 글을 쓰고 싶고, 글을 쓰면 가슴이 뛴다.

자신감이 넘치는 모습으로 스스로를 다시 프로그래밍하면 더 이상 '자신감'을 의식적으로 생각하지 않아도 된다. 기본적으로 유연하고 자신감 넘치는 사고방식을 갖게 되고 이 모습이 우리의 새로운 표준인 '뉴노멀'이다. 열대성 태풍 속의 야자나무나 갈대처럼 춤을 추듯이 부드럽게 휘어지며, 휘몰아치는 바람이 지나갈 때까지 계속 뿌리를 내린 채 그 자리에 머문다. 어떤 상황에도 대처하고 두려움을 견딜 수 있다. 자신감은 게임체인저다.

혜택 9
미래 경쟁력을 갖춰준다!

커피 셀프 토크는 '미래 경쟁력'을 갖춰준다. 자신감을 높이면서 자신감과 그에 동반되는 여러 긍정적 감정들을 경험하면, 앞으로 어떤 사건이 일어나도 거기에서 비롯되는 스트레스와 충격의 영향을 적게 받을 수 있다. 자신감은 성공을 부르고, 성공은 자신감을 부르는 선순환이 일어난다. 커피 셀프 토크는 이러한 선순환에 시동을 건다.

이 모든 것을 간단한 문장을 말하는 것으로 이룰 수 있다. 혹은 단어들. 당신의 단어들!

긍정의 단어와 문장이 날아오는 총알을 막아낼 방탄 갑옷을 즉시 제작한다. 셀프 토크를 오랫동안 지속하면 그 갑옷은 어느새 폭탄도 막아낼 수 있을 만한 것이 된다. 단어만 말했을 때보다 더 큰 효과를 내는 데일리 루틴을 위해 내가 개인적으로 사용하는 특별 강화법, 그리고 당신이 셀프 토크에서 할 수 있는 말에 대한 아이디어가 우리를 도울 것이다.

약속하건대, 자리에 앉아 커피 한 잔을 즐기며 셀프 토크에 시간

을 투자하고 오랫동안 이 루틴을 이어간다면 반드시 멋진 인생이
펼쳐질 것이다.

행복한 인생을 만드는 데 필요한 것은 많지 않다.
모든 것은 당신의 내면, 당신의 사고방식 안에 들어 있다.
-마르쿠스 아우렐리우스 Marcus Aurelius

4장

내장된 사고방식이 나를 바꾼다

> 몸과 정신은 하나다.
> 우리는 우리가 인지하는 것보다 건강과 행복에 대한 권한을
> 훨씬 많이 쥐고 있다.
>
> —엘렌 랭거 Ellen Langer (하버드 심리학자, '마음챙김의 어머니')

셀프 토크는 실제로 뇌의 물리적 구조를 변화시킨다. 인간의 뇌에는 스스로 신경 회로를 바꾸는 능력인 신경가소성이 있는데, 이는 인간이 나이와 상관없이 급격하게 변화할 수 있음을 뜻한다. 이 특성으로 인해 우리는 피아노 연주하기, 활쏘기, 새로운 언어 배우기, 소설 쓰기 등 새로운 기술을 습득할 수 있다.

한편, 뇌의 이러한 특성은 세상을 바라보는 관점이나 상황에 대처하는 방식 등의 생각 패턴을 변화시킬 수 있다는 뜻이기도 하다.

신경과학자들은 우리 뇌가 엄청나게 유연한 상태를 유지하며 새로운 신경 연결 통로를 구축할 수 있다는 사실을 증명했다. 우리가 새로운 것을 배우면 우리의 뇌세포(뉴런neuron이라고 부른다)가 움직인다! 우리는 감독이고, 뉴런은 배우다. 또 우리는 장군이다. 뉴런은 명령을 따르는 병사이므로, 장군이 지시하는 대로 움직인다.

커피 셀프 토크는 우리가 현재 상태에서 벗어나, 인생을 사랑하고 마음의 소망을 끌어당기는 올바른 궤도에 올라서도록 도와주므로 이 사실은 중요하다. 여러분이, 바로 당신이! 매 순간 생각하고 느끼는 것들을 기반으로 어떤 것이 머릿속에 자리 잡게 (또는 자리 잡지 못하게) 할지 결정되기 때문이다. 즉, 커피 셀프 토크가 우리에게 우리 자신의 통제권을 준다는 것이다.

내장된 사고방식이 나를 만든다

어떤 행동을 반복하거나 어떤 기분을 반복적으로 느끼면, 그 행동과 기분은 우리 사고방식에 내장된다. 더 구체적으로 말하면 뇌세포는 우리가 하는 생각들과 함께 '발화하고 엮인다fire and wire(신경가

소성과 관련된 규칙 중 하나인 'fire together, wire together'를 뜻한다 - 옮긴이)'. 이 말은 세포들이 특정한 생각 패턴으로 발화(작동)되며 연결된다는 뜻이다. 세포들은 특정한 생각 패턴으로 발화할 때마다 이 패턴을 반복하기 때문에 '함께 강화하기' 시작한다.

이 과정이 더 많이 일어날수록, 혹은 강화 과정에 동반되는 감정이 더 많아질수록 연결은 더 강해진다. 뉴런들은 하나의 패턴으로 더 많이 발화할수록 더 단단하게 강화된다. 연결이 강해질수록 더 두드러진다. 뉴런들의 연결을 해체하기가 어려워진다는 것은 더 탄력적이고 영구적인 연결이 형성됐음을 뜻한다. 이 작용은 뇌 구조에 근본적인 변화를 일으킨다. 또한, 여러분이 누구인지, 즉 성격personality을 형성한다.

이 효과는 좋은 것을 강화할 때는 좋다. 그리고 음, 여러분 자신이나 세상에 대한 부정적인 믿음, 해로운 습관처럼 어쩌면 진실이 아닐지도 모르는 나쁜 것을 강화할 때는 나쁘다. 하지만 이 사실을 인식하고 나면 변화를 줄 수 있다.

즉, 이 프로세스에 주목하면 자기 자신에 대한 통제권을 쥘 수 있다. 언제든지 가능하다. 새로운 생각 패턴, 믿음, 행동, 습관이 반복되면 새로운 인생을 위한 사고방식이 강화된다. 새로운 생각은 곧 새로운 '나'를 만든다!

이 초능력이 매우 중요한 이유

뇌를 재구성하는 능력은 정말 중요하다. 새로운 '내'가 되는 방법이기 때문이다! 멋진 인생을 일구고, 행복과 기쁨을 느끼는 상태를 기본값, 우리의 뉴노멀로 설정하는 방법이다. 이러면 내면에 변화를 일으키는 데 필요한 레시피와 재료가 언제나 갖춰져 있기 때문에 내 기분을 바꾸기 위해 외부에서 벌어질 어떤 일들을 기다리지 않아도 된다. 이것은 우리가 우리를 위해 쓸 수 있는 초능력이다.

커피 셀프 토크는 내가 성공할 수 있도록 뇌를 재프로그래밍하는 데 도움을 주었다. 나는 이제 피로로 몸을 가누지 못하거나 집중력이 떨어진 채 잠에서 깨어나는 대신, 완전히 새로운 하루를 향해 힘차게 뛰어드는 마음으로 침대에서 뛰쳐나온다! 과거의 아침들을 돌이켜보면 지금 겪는 아침과 너무 다르다. 코로나19 팬데믹 시기에도 나의 하루하루는 기쁨과 목적의식으로 가득 차 있었다. 팬데믹 상황이 내 인생을 일시적으로 다른 지역에 옮겨놓긴 했지만, 마음속 깊은 곳에서 솟구쳐오르는 나의 기쁨은 전혀 건드리지 못했다.

뇌가 우리를 돕기 위해 사용하는 '가지치기'

끝내주게 멋진 새로운 생각 패턴을 발화하고 연결해 강화하는 것과 반대로, 사용 빈도가 줄어든 옛날 연결선은 시간이 지나면서 결국 시들어 없어진다는 멋진 소식이 있다(신경가소성과 관련된 규칙 중 하나인 'Use It or Lose It'을 뜻한다 - 옮긴이). 뇌에 있는 연결선은 근육처럼, 자주 사용하지 않으면 퇴화한다.

다시 말해, 좋은 문장을 더 많이 말하고 생각할수록 뇌는 이런 말과 생각들을 지원하기 위해 더 많이 변화하며, 사용하지 않는 오래된 연결선을 제거한다. 신경과학자들은 뇌에서 일어나는 이 현상을 '가지치기Synaptic pruning'라고 부르는데, 이건 정말 환상적인 비유다. 죽거나 약해진 나뭇가지를 잘라내서 건강한 가지에 더 많은 영양분과 에너지를 공급하는 것처럼, 오래되고 나쁜 쓰레기를 전부 제거하는 모습을 상상해보자. 싹둑. 싹둑. 싹둑.

가지치기는 잠재의식을 다시 프로그래밍할 때 매우 큰 도움이 된다. 반복을 통해 새로운 연결선이 강해지면 부정적인 옛 패턴이 슬쩍 끼어들기가 매우 어렵기 때문이다(또는 불가능할 것이다). 시간을 충분히 들여 긍정적인 셀프 토크를 계속한다면 옛날 자아로

퇴보할 걱정은 하지 않아도 된다. 아름다운 나비(우리)는 한 방향으로만 진행되는 변태_{Metamorphosis}를 거쳤으므로 다시 애벌레로 돌아가지 않는다. 만약 어디선가 옛날 모습을 자극하는 요소가 튀어나온다고 해도 우리에게 아무런 영향을 미치지 못할 것이다. 우리를 가로막았던 형편없는 옛 믿음, 아이디어, 생각 등은 결국 조용해질 것이다. 정말 다행이다!

뇌는 가지치기를 하면서 결함이 있는 옛 연결선을 해체해 그 구성 요소들을 새롭게 만들고 있는 끝내주게 멋지고 활동적인 연결선을 구축하는 데 재활용한다. 뇌는 새로운 정보를 습득하면서 실시간으로 오래된 것을 해체하기 때문에 여러분이라는 사람 자체를 바꾼다. 당신은 당신이 반복하는 것을 얻게 된다. '내가 먹는 음식이 곧 나'인 것이 아니라 '나의 생각이 곧 나'다!

완전히 달라진 뇌를 상상해보자

신경과학은 우리가 하는 모든 생각, 느끼는 모든 감정, 겪는 모든 경험이 뇌에 물리적인 변화와 화학적인 변화를 일으킬 수 있음을

보여준다. 나이나 상황과 상관없이 단 몇 주 만에 거대한 변화가 일어날 수 있다!

예시를 하나 살펴보자. 나는 남편과 딸에 대한 사랑을 느끼면서 그들을 생각하거나, 먹을 수 있는 음식을 생각하면서 감사하거나, 산이나 바다를 바라보면서 경외심을 느끼거나, 반려견을 끌어안고 평온함을 느끼며 내가 능력 있고 멋진 사람이라는 것을 인지한 채 혼자 힘으로 문제를 해결하고, 설레는 기대감으로 내가 설계하는 미래에 대해 생각하며 스스로 한계가 없다고 느끼는 등 여러 가지를 생각하며 고조된 감정(사랑, 경외, 감사 등)을 느끼면서 좋은 것들을 발화하고 강화한다.

이 모든 순간은 내가 성공과 사랑, 온갖 좋은 것들을 이룰 수 있도록 뇌를 강화하고 업그레이드한다. 이것을 '업그레이드 강화'라고 부르자. 더 나아가 이 과정을 거치는 동안 두려움을 기반으로 한 내 (유년기에 형성된) 옛 회로망은 더 이상 작동되지 않으므로 시간이 지나면 시들어 떨어진다. 이렇게 멋진 일이 있다니!

뇌에만 효과가 있는 것이 아니다

지금까지 셀프 토크가 뇌를 재구성하는 방식을 강조했다. 하지만 몸에 관해서 할 말이 조금 더 있다. 사실 뇌에는 몸을 실제로 변화시킬 능력이 있다. 즉, 셀프 토크가 우리의 몸도 변화시킬 수 있다는 뜻이다!

오로지 생각만으로 물리적인 몸에 변화를 줄 수 있다는 연구에 대해 들어본 적이 있는가? 생각은 이토록 강력하다. 손가락 하나 까딱하지 않고, 근육을 풀었다는 상상만으로도 실제로 체력 증진을 하는 데 성공했다는 연구 결과가 있다. 엥, 이게 도대체 뭔 소리야? 정말 충격적인 결과다! 생각 매트릭스에 접속하는 것만으로 근육질 몸을 만들 수 있다면 헬스장에 갈 사람이 누가 있을까? 헤헤.

자, 다시 진지하게 살펴보자. 이 연구에 참여한 대상자들은 물리적으로 움직이지는 않지만, 뇌는 실제로 움직인다고 여기도록 움직임과 관련된 뇌의 회로를 활성화했다. 이때 뇌 안에서 일어나는 현상을 보려고 MRI 검사를 했는데, 사진 속 뇌는 근육이 실제로 무게를 들어 올렸을 때와 들어 올리지 않고 생각만 했을 때 똑같은 활동을 보였다. 굉장한 결과다!

생각이 미치는 영향력이 실제로 얼마나 강력한지를 보여주는 또다른 놀라운 사례가 있다. 조 디스펜자 박사Dr. Joe Dispenza의 책《당신이 플라시보다You Are the Placebo》에서 저자는 생각이 알레르기 물질에 대한 신체 반응을 일으킬 수 있다는 사례 하나를 공유했다. 이 사례는 일본에서 진행된 연구로, 가려움과 발진 등을 야기하는, 덩굴옻나무와 비슷한 식물에 과민 증상을 보이는 13명의 남학생을 대상으로 했다. 연구자들은 학생들의 한쪽 팔에 독성이 없는 나뭇잎을 갖다 대면서, 잎사귀에 독성이 있다고 알려주었다. 그 결과 해롭지 않은 잎사귀와 접촉한 13명의 팔에서 전부, 잎에 독성이 없었음에도 피부 반응이 나타났다. 남학생들은 잎사귀에 독성이 있다고 믿었다!

다음으로 연구자들은 남학생들의 다른 쪽 팔에 독성이 있는 잎사귀를 접촉시키며 이번에는 잎에 독성이 없다고 말했다. 이때는 독성이 있는 잎사귀와 접촉한 13명의 남학생 중 2명만이 알레르기 반응을 보였다. 13명 중 11명에게는 아무런 반응도 나타나지 않았는데, 이는 학생들이 잎사귀가 해롭지 않다고 생각했기 때문이다.

충격적인 결과다! 바로 이것이 우리가 생각을 통해 얻는 힘이다.

증폭시키기 위해 증식시켜라

긍정적인 생각이건 부정적인 생각이건 계속 반복하면 가속도와 힘을 얻는다. 따라서, '증폭시키기 위해 증식시켜라.' 반복은 좋은 생각과 나쁜 생각을 균등하게 증폭시키므로, 반드시 좋은 쪽을 선택하라!

우리가 좋은 단어들을 반복할 때마다 그 단어들이 지닌 감정적인 가치가 상승하고 나중에는 더 강력한 감정을 만들어낸다. 이런 일이 일어나면, 주의하라! 야호! 우리의 뇌와 몸이 빛을 뿜어내는 새로운 현실을 만들기 위해 움직일 것이다.

새로운 인생을 발현시킬 때 생각은 복리처럼 작동한다. 더 많이 반복할수록 더 큰 효과를 발휘한다. 따라서 머릿속을 순환하는 모든 생각(그리고 몸 안을 순환하는 모든 감정)을 현명하게 선택하며 똑똑하게 행동하라. 모든 생각과 감정 하나하나가 중요하기 때문이다 (여러분이 셀프 토크로 하는 생각들은 정말 실재하는 것이 된다).

불평하고 짜증을 내는 건 도움이 되지 않는다. 전혀. 산더미처럼 쌓인 일과 채무, 숨 막힐 듯한 상황, 밑에 깔린 듯한 기분을 느끼면서 잠에서 깨어난다면 관점을 바꿔야 할 때(나중에 몇 가지 요령을

알려주겠다)다. 그런 생각들이 입을 다물고, 아예 비집고 나올 틈조차 주지 않아야 한다. 어둠의 망토 밑에서 나와라. 계속 그 밑에 있는 건 인생을 낭비하는 것이다!

부정적인 확언 하나를 생각하거나 말할 때마다 뇌 안에 있는 나쁜 통로들이 강해진다. 우리가 커피 셀프 토크에 쓰는 말을 '확언'이라고 부르는 이유는 이 말이 무언가를 진실인 것처럼 확실히 믿게 만들기 때문이다! 따라서 우리는 힘을 북돋는 긍정적인 토크와 대안적 관점 기법alternative perspective techniques, APT(2부 5장 참고)을 활용하여 부정적인 쓰레기 토크를 몰아낼 것이다.

지속적인 낙관주의는 능력을 배가시킨다.
– 콜린 파월Colin Powell

우리의 믿음은 우리의 정신과 신체를 치유할 수 있다. 우리를 해칠 수도 있다. 당신이 "난 감기가 유행할 때마다 감기에 걸려"라고 말하는 사람이라고 해보자. 결과는 어떨까? 당신은 그 문장이 최대한 자주, 진실이 되는 환경을 만들고 있다(이 주제는 현재 과학계에서 매우 뜨겁게 논의되는 주제다. 실제로 정신신경면역학이라고 부르는 별도의 분야가 있다. 이 학문은 뇌가 면역 시스템을 수정할 때 사용하는 화학적 통로를 연구하는데, 이때 질병에 대한 저항력이 강해지거나 약해진다. 이 현상은 무슨 속임수나 부두교 같은 것이 아니라 신경전달물질과 호르몬, 후생유전학에 의해 일어나는 것이다).

생각은 유동적이므로 성격과 현실도 고정되어 있지 않다. 하지만 정말 놀라운 것은 변화의 속도다. 뇌는 단 하나의 생각으로 1초 만에 바뀔 수 있으므로, 우리는 인생의 방향을 즉시 돌릴 수 있다. 긍정적 생각이 습관이 되면 주기적으로 셀프 토크를 하면 애쓰지 않고도 꿀처럼 자연스러운 달콤함이 느껴지는 건강한 사고방식을 저절로 생성할 수 있다.

아마 '사람은 변하지 않는다'든지 '세 살 버릇 여든 간다'라는 옛말을 들어봤을 것이다. 뭐, 이런 말은 대체로 사실이다. 대부분 사람이 스스로 변할 수 있다는 사실을 모르기 때문에 시도조차 하지 않는다는 의미에서 말이다. 하지만 엄격히 말하면 완전히 틀렸다. 사람들은 변할 수 있고 변한다. 나이와 상관없이 새로운 재주를 배울 수 있다. 헴스테터 박사는 70대가 되었을 때 생애 처음 활과 화살을 집어 들었는데, 지금은 올림픽에 출전해도 될 만큼 기량이 뛰어난 양궁 선수가 되었다. 자, 이런 게 바로 신경가소성이다!

이처럼 올바른 조건을 갖춘다면, 누구나 변화할 수 있다. 가장 좋은 소식은 지금 바로 시작할 수 있다는 것이다.

생각이 전부다.
당신은 당신이 생각하는 것이 된다.
— 붓다Buddha

5장

당신의 마법 지팡이를 준비하라

지금 당장 여러분이 어디에 있건, 어떤 상황에 놓여 있건 상관없이 여러분은 스스로의 다채로운 힘 안에 서 있다. 지금 인생이라는 책의 페이지가 넘어가는 것을 느껴라. 이제 당신의 시간이 왔다. 당신은 바로 오늘, 스스로를 향한 믿음을 바꿀 힘과 잠재력을 가지고 있다. 매 순간 더 나은 선택을 할 권리가 있다. 모든 것은 당신이 스스로와 세상을 어떤 방식으로 생각하는가에 달려있다. 최선의 결과를 위해 뇌를 다시 프로그래밍하면 보상을 얻을 것이다. 이제 여러분의 시간이 왔다.

이번 장에서는 백지상태에서 나만의 셀프 토크를 작성하는 기초적인 방법을 다룰 것이다. 자신의 셀프 토크를 만들고 싶지 않거나, 미리 작성된 예시를 사용해 지금 당장 시작하고 싶다면 이 책의 3부에 실린 다양한 스크립트를 참고하길 바란다.

커피 셀프 토크 작성 법칙

1. 1인칭으로 작성하기

커피 셀프 토크는 언제나 1인칭으로 쓰고, 말하고, 생각한다.

• 나는 내 성공이 넉넉하다고 느끼고, 다른 사람과 기꺼이 나눈다.

'나'를 당신 뇌를 재구성할 프로그램의 수신자이자 발신자로 만들려면 반드시 1인칭으로 셀프 토크해야 한다. 이는 머릿속으로 곧장 들어가서 더 빠른 효과를 줄 가장 쉬운 방법이다. 당신의 이야기를 당신의 단어, 당신의 목소리로 하는 것이다. 셀프 토크의 셀프는 '나'다.

2. 현재형 시제로 작성하기

두 번째 법칙은 현재형 시제로 작성하는 것이다. 현재형 시제를 사용하면 그 문장이 이미 일어난 일, 혹은 지금 일어나고 있는 일인 것 같은 느낌을 준다. 내일도 아니고, 다음 달도 아니고, 내년도 아니다. 원하는 일이 아직 일어나지 않았다고 해도 현재형 시제를 사

용하라. 기억하라, 우리는 뇌를 다시 프로그래밍하려고 셀프 토크하는 것이다. 머릿속으로 원하는 것이 이미 현실이 되었다고 생각하며 행동하길 바란다. 뇌가 그 일을 '다음번'으로 미룰 핑계를 주지 않아야 한다.

셀프 토크를 말하는 시점과 셀프 토크가 현실이 되는 시점에 차이가 없는 것처럼 스크립트를 쓰고 말하라. 목표를 달성하고 기분 좋은 감정을 느끼는 시점과 지금 여러분 사이에는 틈이 없다.

커피 셀프 토크에는 눈앞에 그려지는 성취부터 그 성취를 이루는 법, 그리고 이 모든 것이 선사하는 기분까지 포함될 수 있다. 이 커피 셀프 토크는 당신의 새로운 진실이고, 당신은 바라는 모든 것을 긍정적인 확언을 통해 끌어당긴다.

당신의 마법 지팡이를 준비하라

커피 셀프 토크 스크립트를 구상하는 좋은 방법은 원하는 삶과 현재의 삶을 대비시켜서 생각해보는 것이다. 만약 여러분이 마법 지팡이를 휘둘러서 자기 자신과 삶을 변화시킬 수 있다면, 어떻게 하

겠는가?

더 좋은 일자리를 원하는가? 사랑하는 사람을 찾고 싶은가? 더 큰 자신감을 얻고 싶은가? 질병 또는 부상으로부터 회복하고 싶은가? 살을 빼거나 운동할 동기를 원하는가? 운동을 좋아하고 싶은가? 명상같이 좋은 습관을 가지고 싶은가? 설탕같이 나쁜 습관을 끊고 싶은가? 더 재미있는 사람, 돈이 많은 사람, 창의적인 사람이 되고 싶은가?

원하는 것이 무엇인지, 어떤 사람이 되고 싶은지, 어떤 삶을 살고 싶은지, 어떤 기분을 느끼고 싶은지 생각하며 스스로 다음 질문을 해보자.

- 나의 에너지를 확장하는 것은 무엇인가?
- 어떻게 하면 그것을 인생에 더 많이 가져올 수 있을까?
- 어떤 3가지 물건 또는 사람이 나에게 순수한 기쁨을 가져다 주는가?
- 내가 가장 좋아하는 과거의 기억은 무엇인가?
- 내가 가장 좋아하는 휴가지는 어디인가?
- 나는 무엇을 더 원하는가?
- 나는 무엇을 덜 원하는가?

- 내가 지금 가지고 있지 않지만 원하는 것은 무엇인가?
- 원하는 것을 얻으면 나는 어떤 기분이 들까?

머릿속에 떠오르는 생각이 무엇이든 일단 전부 적어라. 그러고 나서 그 답을 활용해서 확언하는 문장과 구절을 작성하자. 예를 들어, '나는 ○○○을 사랑한다', '나는 ○○○이다', '나는 ○○○한 기분이다' 등이 있다.

커피 셀프 토크의 데일리 프로세스

스크립트 작성을 마쳤다면 (또는 책에 수록된 스크립트 중에서 한 가지를 골랐다면) 그 스크립트를 매일 아침에 커피를 마시면서 스스로에게 읽어주자(소리내어 읽으면 더 좋다).

이전에도 말했지만, 스스로에 대해 말하는 것이 이상하거나 낯

설게 느껴지더라도 걱정할 필요 없다. 금세 익숙해질 것이다. 오히려 너무 아무렇지 않게 되어서 자신에 대한 나쁜 생각이나 단어를 단 하나도 허용하지 않을 수 있다. 나쁜 생각과 단어가 마치 비단에 사포를 문지르는 것만큼 잘못된 일임을 깨닫고 충격에 휩싸일 것이다.

소리내어 말할수록 셀프 토크는 더 쉬워진다. 재밌고 자연스러워지며 여러분은 그 시간을 기다리게 된다. 마치 커피를 갈망하듯 셀프 토크를 갈망하게 된다. 셀프 토크가 뇌와 생각에 슈퍼 충전된 정신적 영양분을 공급하면 우리는 짜릿하고 반짝이는 좋은 기분을 느낄 수 있다. 만약 의심스럽거나 이상한 기분이 드는 순간이 있다면 그냥 그 생각을 들여다보며 "지나가는 길에 잠깐 들러줘서 고마워, 생각아"라고 말하자. 그런 다음 계속 내 길을 나아가자.

지금 바로 시작할 수 있는 간단한 스크립트

일반적이고 범용적인 커피 셀프 토크용 스크립트 예시 2개를 소개한다. 첫 번째 예시는 부드러우면서도 효과적인 단어들로 시작하

며 우리는 이 문장들을 메모장 앱이나 손으로 쓰는 다이어리 등 어디에나 적어 넣을 수 있다.

자기애와 자존감 높이기 루틴이 처음이라면 첫 번째 예시에서 몇 가지 아이디어를 얻을 수 있다. 물론 나중에 더 강렬하고, 영향력이 강한 단어들로 스크립트를 업그레이드시킬 수도 있다.

커피를 들고 자리에 앉아서 아래 내용을 읽어보자. 한 문장씩 읽고 내용이 스며들도록 몇 초간 잠시 멈춰보자.

- 나는 좋은 사람이다.
- 나는 오늘이 좋다.
- 나는 지금 기분이 좋다. 내가 나를 돌보고 있기 때문이다.
- 나는 인생을 사랑한다.
- 나는 내 인생을 사랑한다. 내 인생에는 방향성과 의미가 있기 때문이다.
- 나는 오늘 좋은 하루를 보낼 것이다. 나는 준비되어 있기 때문이다.
- 내 수입은 많아지고 있고, 나에게는 좋은 일만 일어난다.
- 나는 내 삶에 있는 모든 것을 축복한다. 내 커피, 내 의자, 내 집, 내 인생을 축복한다.

- 나는 기분이 좋은 것이 좋다.
- 나는 나 자신을 인정한다. 나는 정말 대단한 사람이기 때문이다.
- 나는 내가 가지고 있는, 간단한 단어들로 기분을 좋게 만드는 힘을 사랑한다.
- 나는 성취를 이룬다. 나는 인내하기 때문이다.
- 나는 나에 대해 기분 좋은 감정을 느끼는 것을 선택한다. 나는 자격이 있기 때문이다.
- 나는 혼자 힘으로 해낸다.
- 오늘은 모든 것이 환상적이다.
- 나는 언제나 선택할 수 있다.
- 나는 건강하고 부유하다.
- 나에게는 내가 오늘 하고 싶은 것을 모두 할 시간이 있다.
- 나는 기분이 끝내주게 좋다.
- 나는 끝내주게 멋진 사고방식을 가지고 있다.
- 오늘은 멋진 날이다.
- 나는 오늘 내 모습 그대로를 사랑한다.
- 나는 지금 좋은 기분에 다가서고 있다. 이것이 성공을 향한 열쇠이기 때문이다.
- 셀프 토크는 재미있고, 나는 내 하루를 시작할 준비가 됐다.
- 인생은 기회로 가득하다. 내가 기회를 열린 마음으로 받아들

이기 때문이다.

- 나는 건강하고 생기가 가득하다.
- 나는 지금 기분이 정말 좋다. 내 인생을 사랑하기 때문이다.

커피 셀프 토크가 바보 같다고 느껴지는가?

솔직히 커피 셀프 토크를 처음 했을 때 나도 괴짜가 된 느낌이었다. 하지만 아주 잠깐일 뿐이다. 셀프 토크는 새로운 방법이 아니다. 어마어마한 문제를 박살내거나 억 소리 날 정도의 큰돈을 벌고, 병에서 낫고, 끝내주게 탄탄한 몸을 만들고, 기막히게 멋진 인생을 살기 위해 셀프 토크를 사용하는 사람들이 이미 아주 많다.

나도 그 사람들처럼 되고 싶었다. 셀프 토크가 인생을 완전히 바꾸고 새로운 단계로 끌어올리는 방법이라는 사실을 깨달은 나는 내 전부를 걸어보기로 했다. 나는 내 눈 앞을 가리고 있었던 가상의 괴짜 안경을 벗어 던지고 슈퍼히어로로 망토를 둘렀다. 자, 게임을 시작해보자!

흥미로운 점은 시간이 지나면서 내 커피 셀프 토크 스크립트가 진화했다는 것이다. 초반의 내 스크립트는 방금 위에서 읽은 스크립트와 매우 유사했다. 하지만 이제 나는 스스로를 엄청나게 높은 곳까지 끌어올려서 셀프 토크 속으로 제대로 들어갔다.

이제 당신 차례다

첫날에는 스크립트를 다 읽기까지 1분도 걸리지 않을 수 있다. 1분 만에 커피 셀프 토크를 끝냈을 때 잔에 커피가 남아 있다면 스크립트를 한 번 더 읽어라. 그리고 또 한 번 더. 또 한 번 더. 커피를 한 모금을 마시고 반복해라. 커피를 다 마실 때까지 계속 반복하라. 그런 다음 남은 하루를 기분 좋게, 더 자신 있게, 긍정적인 집중력을 가지고 보내라.

여러분의 스크립트는 커피 셀프 토크를 통해 성장하면서 점점 더 길어질 것이다. 커피 셀프 토크는 매우 재미있고 힘을 북돋는다. 함께 마시는 커피만큼 중독성이 있다. 처음에는 많은 사람이 기초

적인 내용과 간단한 일반화로 시작한다. 그러다 시간이 지날수록 자신, 자신의 상황, 자신의 목표와 관련된 구체적인 디테일을 추가해서 스크립트(또는 여러 개의 스크립트)에 살을 붙인다.

멋진 인생에 대해 더 많이 생각할수록 새로운 아이디어와 표현이 머릿속에서 흘러넘치기 시작한다. 아이디어나 통찰이 불시에 번쩍이며 떠오르고, 나중에는 이렇게 떠오른 생각을 스크립트에 추가하려고 메모장에 기록하게 될 것이다. 언제든 영감이 떠오를 때마다 잊지 말고 그 생각을 적어두자!

스크립트에 추가하는 디테일은 중요하다. 디테일은 머릿속에 더 선명한 그림을 그리고, 목표를 뚜렷하게 만든다. 예를 들어, 우리는 건강한 식습관에 초점을 맞춘 문장을 몇 줄 추가할 수 있다. 인생에서 느끼는 풍족함과 그 풍족함이 우리의 외면이나 선택에 어떤 변화를 일으켰는지 서술한 문장을 한 줄 추가할지도 모른다. 새로운 모습에 레이저를 쏘듯이 집중할 수 있게 해주는, 가장 좋아하는 노래의 고무적인 가사를 한 줄 추가할 수도 있다. 아니면 운동하는 이미지를 머릿속의 가장 중요한 위치에 자리 잡게 해줄, 팔굽혀펴기한 세트와 같이, 매일 할 운동에 대한 문장을 한 줄 쓸 수도 있다.

우리는 매일 5분, 10분, 어쩌면 15분 동안 스크립트를 읽으며 보낼 시간을 확보해야 한다. 커피 셀프 토크는 진화해야 하고, 실제로 진화한다. 이제 내 스크립트는 너무 길어져서 스크립트를 다 읽기까지 대략 20분이 소요되는데, 총 소요 시간은 내가 극적인 요소를 얼마나 곁들이고 싶은지에 따라 조금씩 달라진다(극적인 기법은 뒷부분에서 더 다룰 예정이다). 하지만 나는 시간이 얼마나 걸려도 상관하지 않는다. 나는 셀프 토크를 하는 매 순간을 미친 듯이 사랑한다. 이 시간은 나를 집중하게 만든다.

가끔 커피를 다 마셔서 셀프 토크를 중간까지만 했다가, 나중에 다시 이어서 하기도 한다. 스크립트를 몽땅 챙겨 들고 자리에 앉아서 모든 내용을 흡수하고, 커피 2잔을 여유롭게 즐기는 날도 있다. 중요한 것은 셀프 토크를 하고 있다는 것이다. 매일매일.

지금 해볼 수 있는 첫 번째 단계는 쉽고 강력한 셀프 토크 문장 15가지를 작성하는 것이다.

커피 셀프 토크 스크립트 심화하기!

앞서 살펴본 기본 스크립트는 좋은 시작법이다. 이 기본 스크립트에 있는 단어를 전부 가져와서 사용해도 좋고, 여러분에게 울림을 주는 방향으로 수정해도 좋다. 내 커피 셀프 토크 스크립트에는 '기

막힌'과 '끝내주는'이라는 단어가 자주 등장하고, 아버지의 스크립트에는 '경이로운'이라는 단어가 많이 들어간다. 이렇게 자신에게 효과가 있는 단어를 선택하라.

여러분은 스크립트를 더 길게 또는 더 짧게 만들 수도 있다. 원하는 길이로 만들면 된다. 아니, 심지어 셀프 토크는 계속 반복해서 말하는 한 문장일 수도 있다. 작지만 굉장한 힘을 지닌 압축된 만트라mantra(명상 또는 기도를 할 때 반복해서 외는 주문 - 옮긴이). 즉, 에스프레소 셀프 토크처럼 말이다!

아래는 파워 단어를 더 빽빽하게 채워 넣은 심화 버전이다.

- 나는 멋진 사람이다. 나는 친절하고, 아름답고, 관대하기 때문이다.
- 나는 오늘을 사랑한다. 내 하루는 내가 책임지기 때문이다. 나는 내 하루를 내가 원하는 하루로 만든다! 나는 나에게 영향력이 있다고 느낀다.
- 나는 지금 바로 이 순간에 벅차오르는 기분을 느낀다. 내가 나를 돌보고 있기 때문이다. 나는 이 시간을 내 하루를 준비하고 오늘을 생애 최고의 날로 만드는 데 사용할 자격이 있다.

- 나는 인생을 사랑한다. 나는 내 인생을 사랑한다. 나는 나를 사랑한다! 인생에서 내가 돌아보는 모든 곳에는 기회가 가득 차 있다. 나는 도전하고 있다!

- 나는 오늘 끝내주게 멋진 하루를 보내고 있다! 나는 환하게 웃으며, 오늘 매 시간 일어날 모든 일을 기대하고 있다.

- 나는 지금 바로 모든 두려움을 놓아준다. 나는 내가 죽을 때까지 이룰 성공에 대한 책임을 진다.

- 나는 지금 바로 내 인생에 있는 모든 것을 축복한다. 내 커피, 내 의자, 내 침대, 내 가족, 내 친구들, 내 인생 전부를 축복한다.

- 나는 이 끝내주는 기분을 사랑한다! 좋아아아!!!

- 어제는 과거고, 나는 어제에 연연하지 않는다. 나는 어제로부터 배우고 앞으로 나아간다.

- 나는 오늘, 지금 바로 이 자리에서 나를 사랑할 준비가 되어 있다. 이 상태는 나에게 멋진 순간을 만들어주고 미래에 더 많은 성공을 할 수 있도록 준비시켜준다.

- 내 주위에서 환상적인 기회의 문이 열리고 있다. 나는 그 기회들을 짜릿하게 즐기고 있다.

- 나는 내가 인생에서 가지고 있는, 단순히 단어들을 말함으로써 이렇게 굉장한 기분을 느끼게 해주는 힘을 사랑한다. 나는 정말 멋지다.

Coffee Self-talk

- 나는 성취를 이룰 수 있다. 나는 유능하고, 창의적이고, 자격이 있는 사람이기 때문이다. 나는 나를 선택하고, 내 모습을 존중한다.
- 내 인생은 매일 더 멋져진다. 인생은 모든 측면에서 나를 지지해준다.
- 나는 스스로를 인정한다. 나는 제한된 사고나 믿음을 자유롭게 놓아준다.
- 오늘은 모든 것이 멋지다. 나는 내 반짝거리는 인생, 배움, 그리고 성장에 감탄하고 있다.
- 나에게는 내가 오늘 하고 싶은 모든 일을 할 충분한 시간이 있다.
- 나는 끝내주는 기분을 느낀다. 나는 온전하고, 건강하고, 아름답고, 활기차기 때문이다.
- 오늘은 기막히게 멋진 날이고, 나는 지금 바로 강력하고, 매력적인 기분으로 들어가고 있다.
- 셀프 토크는 재미있고, 나는 이렇게 장난스럽게 행동하는 것을 사랑한다. 나는 가볍고 활기차다.
- 내 주위에는 사랑과 빛이 있다. 나는 나와 타인을 다정하고 친절하게 대하고, 사랑이 넘친다.
- 나는 무엇이든 할 수 있다. 나는 행복한 마음과 창의적인 생각을 지니고 있다. 나는 긍정적인 생각을 하고, 벅차오르는

기분을 느낀다. 이 상태는 나에게 최고로 멋진 인생을 만들어준다.

- 나는 훌륭하고, 배움을 사랑한다.
- 나는 이 세상에서 유일무이한 존재다.
- 나는 미친 듯이 섹시하다!
- 나는 내가 창의적인 디자인으로 설계한 완전히 새로운 인생을 살고 있다.
- 나는 낙관적이고 내게 주어진 운명에 열정적으로 임한다.

전문가 팁 1
더 크게 성공하려면
'~때문'이라는 단어를 사용하라

예시

"나는 운동 일정이 잡혀 있는 날마다 헬스장에 가는 데 전혀 어려움을 느끼지 못한다. 나는 운동이 나에게 어떤 멋진 느낌을 가져다주는지 알기 때문이다."

'~때문'이라는 문구의 사용은 셀프 토크 스크립트를 업그레이드하는 영리한 방법으로, 이를 뒷받침해주는 과학적 연구도 있다. '~때문'이라는 단어를 사용하면(또는 들으면) 요구 또는 말에 순응할 확률이 높아진다. '~때문' 뒤에 따라붙는 단어들은 그 행동을 실천할 이유를 제공하고 강력한 인과관계를 시사하기 때문에 행동할 동기를 정당화한다.

결과적으로 뇌는 '~때문'이라는 단어를 사용할 때 주의를 기울이고 셀프 토크에 더 큰 중요성을 부여한다. 결과와 의미를 커피 셀프 토크와 연관 지으면 우리는 커피 셀프 토크의 목표를 달성하는 데 그 행동이 도움을 줄 것이라고 더 확신하게 된다. 따라서 스스로 성공할 준비를 하고, 스크립트 전체에 '~때문'이라는 단어를 흩뿌려두어라. 정말 도움이 되기 때문이다.

전문가 팁 2
디테일로 기쁨의 불꽃을 튀게 하라

창의력을 활용해서 단어에 재미있는 시도를 해보자. 커피 셀프 토

크는 진화하기 때문에 시간이 지나면 단어들은 변할 수 있고, 또 변해야 한다. 나는 스크립트를 쓸 때 머릿속에 떠오르는 모든 생각을 우선 받아적는다. 그러고 나서 내 안에서 기쁨의 불꽃이 튈 때까지 모든 문장을 수정하면서 편집한다. 《인생이 빛나는 정리의 마법(人生がときめく片づけの魔法)》의 작가 곤도 마리에가 물건에 대해 말한 것과 비슷하다. 그 물건(옷장, 블라우스, 화병 등)이 여러분을 설레게 하는가? 설레지 않는다면 버려라. 이처럼 우리 안에서 기쁨의 불꽃을 튀게 하는 문장만 남을 때까지 편집하라.

예를 들어, 나는 나이를 거꾸로 먹는 것과 관련된 구절을 쓰고 싶었다. '노화 방지', '노화 역행'과 같은 단어들로 여러 가지 시도해보았지만, 곧바로 내가 '노화'라는 단어를 어떤 식으로도 사용하고 싶지 않아 한다는 사실을 깨달았다. 뒤에 '방지'라는 단어를 붙여도 벅차오르지 않았다. 따분하고 치료학 용어처럼 들렸다. 나는 계속해서 문장들이 나에게 어떤 울림을 주는지 확인하기 위해 다양한 방식으로 문장을 썼다. 그때 문장의 진화 방식은 다음과 같았다.

'나는 나이를 거꾸로 먹고 있다.'
'나는 노화를 방지하고 있다.'
'내 노화 방지 유전자는 지금 바로 스스로를 표현하고 있다.'
'나는 젊어 보이고 젊음을 느낀다.'

흠… 점점 가까워지고 있다.

'나는 젊고 아름답다.'

그래 바로 이거야! 기쁨의 불꽃이 튀었다. 딩동댕. 나는 내 마음에 드는 구절을 발견했고, 이 문장은 내 안에서 특별한 느낌을 일으켰다. 꼭 맞는다는 느낌이 들었다.

나는 더 깊이 고민하며 문장을 더 구체화하기 시작했다. 디테일하면 할수록 뇌가 내 지시를 더 쉽게 따른다. 뇌는 내적 이미지를 떠오르게 하는 단어들을 사랑하는데, 우리가 머릿속으로 그림을 보여주면 우리 뇌와 몸이 그 이미지를 더 쉽게 현실로 만들 수 있다. 따라서 나는 다음과 같은 문장을 추가했다.

'내 몸은 풍부한 콜라겐을 생성하고, 내 피부는 완벽하고, 부드럽고, 빛난다.'

나는 결국 이 두 문장을 모두 좋아하게 되었고 계속 간직하기로 했다. 나는 이렇게 썼다.

나는 젊고 아름답다. 내 몸은 풍부한 콜라겐을 생성하고,
내 피부는 완벽하고, 부드럽고, 빛난다.

이를 통해 내가 스크립트에 노화 방지 관련 내용을 어떤 방식으로 넣으려고 했고, 깊은 울림을 느끼는 문장을 찾을 때까지 계속 다시 작성함으로써 더 강력한 확언을 만들었다는 사실을 알 수 있을 것이다. 뇌는 명확한 것을 좋아한다. 여러분이 원하는 그림을 정확하게 그리기 위해 여러분의 진화된 커피 셀프 토크에 강력한 단어와 서술적인 디테일을 사용하는 것을 부끄러워하지 말자.

여기 또 하나의 예시가 있다. 나는 아래 문장으로 시작했다.

내 인생은 풍족함으로 가득 차 있다.

간단하고 긍정적인, 괜찮은 문장이다. 하지만 약간 모호하게 느껴져서 나는 더 깊이 고민했다. 나는 '풍족함'이 나에게 정확히 어

떤 의미인지 보여주는 그림을 그리기 시작했다. 위의 문장 한 줄에서 비롯된, 풍족함에 대한 나의 스크립트는 다음과 같이 바뀌었다.

내 인생에는 내가 하고 싶은 모든 일을 할 수 있는 시간이 넉넉하게 있다. 나는 풍족하고 매력적인 건강의 소유자다. 나는 활기와 에너지로 가득 차 있고, 매일 아침 침대에서 뛰쳐나온다. 나는 경제적으로 풍족한 삶을 살고 있고, 배에 가득 실어 담을 만큼의 돈을 만들어줄 기회가 내 주위에 널려있다.

풍족함이라는 단순한 아이디어를 확장하며 다양한 디테일을 추가했고, 이와 동시에 나의 커피 셀프 토크를 간단명료하게 유지했다. 나는 쉽고 간단한 문장으로 시작한 다음 구체적인 단어들을 추가하면서도, 주제를 명료하게 유지하는 것을 좋아한다. 굳이 너무 장황하게 만들 필요는 없다! 그렇게 해서 울림을 주지 않는 한 말이다.

재미있게도 막상 스크립트를 작성하거나 생각하고 말하기 시작하면 개선하고 변화시킬 멋진 것들이 너무 많아서 압도당하는 느낌이 들 수 있다. 말하고, 생각하고, 느끼며 힘을 북돋아줄 온갖 멋

진 일들을 상상하면서 수문이 열린 댐처럼 생각이 쏟아져 나오는 모습을 목격할 수도 있다.

한 번은 아침의 데일리 스크립트를 다 읽기까지 30분이 넘게 걸린 적도 있다. 너무 많은 영역을 다뤘기 때문이다! (데일리 스크립트를 처음 시작했을 때는 읽는 데 5분밖에 걸리지 않았다. 나는 서서히 내용을 추가했다. 이제는 약 20분 정도 소요되고, 서두를 때는 5~10분 정도가 걸린다. 글쓰기와 같이 특정 주제를 다루는 스크립트는 약 5분 정도밖에 걸리지 않는다.)

생각이 마구 쏟아져 나오더라도 걱정하지 말고 글로 쓸 (또는 구술할) 수 있는 최대한 저장해두자. 줄이는 것은 나중에 언제든지 할 수 있다. 우리의 뮤즈가 세상을 휘젓고 돌아다닐 때는 절대 그의 앞길을 가로막지 말라!

영감을 받을 때마다 스크립트에 내용을 추가하라. 마음에 특별히 와닿는 문장이 있다면 그 문장을 계속 반복하고, 만트라처럼 계속 말하고 또 말해라. 그 문장은 불시에 머릿속에 떠오르며 행복과 자신감에 전류처럼 살짝 충격을 줄 것이다.

영감의 근원이 무엇이든 창의적으로 생각하고, 자기 자신에게 사랑을 담아 영감을 주는 말을 찾는 과정을 즐겨라.

모든 세대를 아우른 최고의 발견은
인간이 자신의 태도를 바꿈으로써
인생을 바꿀 수 있다는 사실이다.

- 윌리엄 제임스 William James

2부

마법 같은 인생을
만들어주는
커피 셀프 토크

1장

커피 셀프 토크의 시작

앞에서 커피 셀프 토크 스크립트 작성법을 익혔다. 여기까지가 프로세스의 첫 단계다. 이제 셀프 토크를 '하는' 방법을 배울 차례다.

성공적인 커피 셀프 토크의 핵심
기분과 생각 매치시키기

성공적인 셀프 토크의 핵심은 단어를 말하면서 고조된 기분을 느끼는 것이다. 이 개념은 임무를 완수하는 데 필수적이므로 더 파헤쳐보자.

셀프 토크할 때 말하는 (또는 생각하는) 단어들의 힘은 그 단어들을 말하거나 생각할 때 느끼는 고조된 감정 수준과 비례한다.

다르게 표현하면 다음과 같다.

여러분이 말하는 단어들은 느끼는 기분만큼 중요하고, 여러분의 기분은 말하는 단어들만큼 중요하다. 단어가 땅콩버터라면 기분은 젤리다. 단어가 콩이라면 기분은 당근이다. 탱고를 추려면 2명이 필요하다. 단어와 기분이 결혼하는 것이다. 우리에게는 2가지가 모두 필요하다!

이과생들을 위해 아래 공식을 준비했다.

긍정적인 단어들(여러분의 생각) + 고조된 감정(여러분의 기분) = 놀라운 경험

이 말이 정말로 의미하는 것은 무엇인가?

이렇게 생각해보자. 여러분은 '나는 대단해'라는 문장을 말할 수 있다. 하지만 여러분이 사랑, 기쁨, 감사 등의 고조된 감정과 함께 그 말을 느끼지 않는다면 이 문장은 힘을 발휘하지 못한다. 뇌의 생각하는 부위와 느끼는 부위가 모순되고, 꿈이 실현된 모습을 빠르고

세계 끌어당기거나 재구성하지 못할 것이다.

어둡거나 중립적인 감정으로 표현되는 셀프 토크는 B-가 될 수밖에 없다. B-도 괜찮긴 하다. 아무것도 하지 않는 것보다는 단어라도 말하는 편이 확실히 낫긴 하지만 단어에 상응되는 고조된 감정을 느낄 때 나타나는 A+ 수준에는 전혀 근접하지 못한다. 성적이 좋은 학생이 되자. 단어들과 기분이 같은 선상에 놓일 때 결과는 더 빨리 나타난다.

일부 사람의 경우에는, 처음에 단어들만 말할 수 있을지도 모른다. 아마 고조된 감정들이 너무 이질적이거나 비현실적이라고 느낄 것이다. 혹시 여러분이 그런 상황이라고 해도 문제가 되지 않는다. 우선 단어부터 시작하라! 끝내주게 멋진 셀프 토크를 반복하고 또 반복하라. 아직 그렇게 느끼지 않더라도 말이다. 약속하건대, 당신은 시간이 지날수록 그 단어들을 진짜로 느끼게 될 것이다.

커피 셀프 토크를 '사랑' 같은 좋은 감정과 함께 말했을 때 기분이 끝내주게 좋아지고 특별한 종류의 에너지를 생성한다. 자신에

게 한계가 없다는 느낌이 든다. 영향력과 자신감, 경외심과 감사함을 느낀다. 고주파 에너지라고 부르는 이 기분들은 같은 주파수의 것, 예를 들어 여러분이 인생에서 꿈꿨던 모든 멋진 것들을 끌어당긴다. 커피 셀프 토크 스크립트를 말하면서 (또는 읽으면서) 고조된 기분을 느끼면 뇌는 커피 셀프 토크에서 말하는 삶을 더 잘 시뮬레이션할 수 있다.

즉, 커피 셀프 토크는 겉으로만 하는 것이 아니다. 물론 감정 없이 스크립트를 계속 반복해서 읽더라도 결국에는 기분이 좋아지고 몇 가지 변화가 나타나기 시작한다. 이것은 셀프 토크의 자연스러운 결과로, 이때 뇌는 서서히 스스로를 재구성한다. 하지만 신경 연결선이 헐크Hulk의 덩치만큼 거대한 비중을 떠맡을 것이다. 반면 그 내용을 정말 진심으로, 마음과 몸으로 느낀다면 성공에 훨씬 빨리 도달할 수 있다.

다시 한번 말하지만, 계속 반복해서 말하고 또 말하는 과정이 반드시 있어야 한다. 그 확언이 아직 사실이 아니라도 상관없다. 뇌는 차이를 구분하지 못한다. 뇌는 그저 계속해서 스스로를 재구성하는데, 감정이 붙어 있을 때 연결선을 더 두껍고 강하게 만든다. 감정들은 뇌가 '이건 중요한 거야. 난 여기에 관심을 가져야 해!'라고 인지하는 방법이다. 기억을 부호화하는 방식과 똑같이 작동한다. 강렬한 감정을 느낄수록 기억이 강하게 남는다.

1가지 예시를 시험해보자. 우선, 다음 문장을 감정이 전혀 없는 로봇처럼 읽어보라.

나는 오늘 최고로 멋진 하루를 보내고 있다.

이제 눈을 감고 인생에서 가장 멋진 하루를 보내면 어떤 기분이 들지 상상해보라. 진심을 담아 발끝까지 그 기분을 느끼고, 필요하다면 잠시 시간을 내어 이런 마음 상태로 들어가보자. 그런 다음, 여전히 그 멋진 마음 상태에 있다고 상상한 채 감정을 100퍼센트 가득 실어 다시 말하라.

나는 오늘 최고로 멋진 하루를 보내고 있다!

차이가 느껴지는가?

당연히 느낄 수 있을 것이다! 감정들이 자기 역할을 하면 이렇다! 이게 바로 일관성이다! 우리는 감정들에게 할 일을 지시했고, 감정들은 명령을 따랐다! 주도권을 쥔 사람은 우리다. 주도권은 언제나 우리에게 있다. 이미 가지고 있었던, 머릿속의 감정을 통제하는 힘을 사용했을 뿐이다.

이제 비슷한 힘을 지닌 감정을 전부 끌어모아서, 열정이 담긴 목소리로 아래 문장을 크게 외쳐라.

나는 기회로 둘러싸인 멋진 인생을 산다.
내가 하는 일은 모두 성공으로 끝난다.
나는 성공하고 또 성공한다

이렇게 된다면 꽤 멋진 기분이 들 것 같지 않은가?

이 내용을 조금 더 자세히 살펴보자. 당신에게 '경외심'이란 무엇인가? 한계가 없는 기분은 어떤 느낌인가? 그 기분으로 들어가라! 여전히 확신이 들지 않는다면, 질문을 바꿔보자. 경외심을 느끼려면 무엇이 필요할까? 아기가 태어나는 모습을 지켜보거나, 산꼭대기에서 일몰을 바라보는 것일지도 모른다. 아니면 파도, 오로라를 보는 것! 이런 것들이 경외심을 안겨주는가? 만약 그렇다면 당신은 경외심이 어떤 느낌인지 알 것이다. 커피 셀프 토크 문장을 하나씩 처리할 때마다 머릿속의 이미지를 들여다보라.

목표는 커피 셀프 토크를 말하면서 고조된 기분을 느끼는 것이다. 우리가 선택할 수 있는 고조된 감정은 여러 가지가 있다.

• 사랑	• 관대함	• 감사
• 경외심	• 풍족함	• 기대
• 영감	• 한계 없음	• 행복
• 기쁨	• 용기	
• 축복	• 자신감	

등등.

이 목록은 계속 이어진다. 이 중 어떤 하나를 경험할 때, 우리는 고조된 기분을 느낀다. 셀프 토크를 읽는 동안 위 선택지의 감정 중 하나를 활용할 수 있다. 모든 기분을 다 느낄 필요는 없다. 고조된 감정 중 하나만 있어도 희망차고, 뇌를 헐크같이 거대한 연결선으로 재구성하고, 끝내주는 기분을 자기 자신에게 선사할 수 있다.

나는 지금 바로 치유되고 있으며 건강하다.
나는 온전해진 느낌이다!

온전해지고 생기가 넘친다는 것은 어떤 느낌일까? 어떨지 상상해 보라. 그 감정으로 들어가라. 그 감정을 움켜쥐어라! 에너지로 가득 찬 기분인가? 아니면 활기 넘치는 느낌? 힘이 솟는 기분? 표범처럼 유연해진 느낌일까? 그런 기분들을 당신의 커피 셀프 토크 문장과 연결해라. 쾅! 생각에 감정이 더해지면 새로운 여러분이 탄생한다.

지금부터 단어에서 느끼는 기분과 감정을 증폭시킬 팁을 소개하고자 한다. 먼저 효과적인 단어를 선택하라. 파워 단어들이다. 어떤 단어들은 신호 또는 자극제 역할을 한다. 신중히 선택한 단어들은 '영 별로야…'를 '그래, 바로 그거야!'로 바꾼다. 이때도 우리가 느끼는 감정은 모든 일을 더 빠르게 이뤄지도록 한다. 그 단어들을 현실로 만들고 싶다면, 느껴라.

더 고조된 감정을 자극할 예시 단어 중 일부는 다음과 같다. 당신에게 말을 거는 듯한 단어들을 골라라. 그런 다음 당신의 커피 셀프 토크에 그 단어들을 녹여 넣어라.

- 같은 선상에 있다
- 경이롭다
- 끝내주게 멋지다
- 환하다
- 축복받다
- 더없이 행복하다
- 풍부하다
- 밝다
- 침착하다
- 할 수 있다
- 중심이 잡혀 있다
- 명확하다
- 자신 있다
- 어마어마하다
- 멋지다
- 창의적이다
- 분명하다
- 즐겁다
- 열정적이다
- 쉽다

- 황홀하다
- 힘을 북돋는다
- 가장 먼저
- 집중하다
- 자유
- 재밌다
- 진실하다
- 빛나다
- 약속하다
- 행복하다
- 유용하다
- 영광이다
- 기막히게 좋다
- 영감을 받다
- 즉시
- 환희에 차다
- 웃다
- 가볍다
- 활기차다
- 선명하다

- 자연스럽다
- 장난스럽다
- 열린 마음으로
  받아들인다
- 빛이 쏟아져
  나온다
- 사려 깊다
- 편안하다
- 환상적이다
- 미소 짓는다
- 기백이 넘친다
- 즉흥적이다
- 화창하다
- 거대하다
- 기분이 좋아지게
  만들다
- 강렬하다
- 활발하다
- 경탄스럽다

2장

크리슨의 커피 셀프 토크

더 많은 이야기를 풀어놓기에 앞서, 내가 셀프 토크를 어떤 범위까지 활용하는지 알려주기 위해 개인적인 셀프 토크 스크립트를 공유하고자 한다.

앞서 말했듯이, 나는 커피 셀프 토크를 다 하기까지 대략 20분(서두르면 5~10분)이 걸린다. 문장을 말한 다음 그 문장들을 희망찬 감정과 느낌으로 소화하고, 단어 하나하나가 뼛속으로 스며들고 마음속에 울림을 주면서 바깥쪽으로 햇살처럼 뿜어져 나오게 한다. 하루를 시작하기에 나쁜 방법은 아니지 않은가?

이 책에는 그림이나 이모티콘을 사용하지 않았다(뒤에서 알게 되겠지만, 나는 원래 그림과 이모티콘을 엄청 많이 사용한다). 이번 장에서 내가 반복되는 단어를 많이 쓴다는 사실을 알아챌 것이다. 반복은 뇌가 더 많이 발화하고 강화하면서 기억하게 만드는 강력한 방식이기 때문에 나는 의도적으로 단어를 반복해서 사용한다. 똑같은 단어를 완전히 똑같은 방식으로 말할 때도 있고, 같은 단어를 다르게 바꿔서 말할 때도 있다.

반복해보자. 반복에는 강력한 힘이 있다. 이 힘을 활용하자.

크리슨의 커피 셀프 토크 스크립트

그럼 시작해보자.

- 나는 바로 여기, 바로 지금 내 인생에 있는 모든 것을 사랑과 감사를 담아 축복한다. 내 인생은 경이로움과 감탄으로 가득 차 있고, 나에게는 강력한 영향력이 있다. 나는 매일 아침 힘

과 행복이 내 정맥을 타고 흐르면서 내가 끝내주는 하루를 보낼 수 있도록 나를 매력적인 사람으로 만드는 기분을 느끼며 일어난다.

- 나는 자격이 있고, 강하다. 나는 나에게 꿈을 실현할 능력이 있다고 믿는다.

- 나는 영원히 내 인생에 감사한다. 나는 가족, 편안한 침대, 맛있는 커피, 신발, 풍족한 돈, 멋진 몸, 건강한 눈, 단단한 치아, 아름다운 자아, 나의 모든 것에 감사함을 느낀다.

- 나는 내가 인생에서 느끼는 힘… 내가 원하는 대로 인생을 설계하는 힘을 사랑한다. 나는 무슨 일이 있어도 지금 기분 좋은 감정을 느낄 힘을 지니고 있고, 소망하는 무엇이든 달성할 열쇠를 쥐고 있다.

- 오늘 내가 인생에 기꺼이 받아들이는 것은 무엇인가?

- 나는 감사함을 기꺼이 받아들인다. 나는 미소를 환영하고 거울 속에 비친 내 모습을 바라보며 윙크한다. 나는 사랑과 건강, 돈, 풍요로움을 환영한다. 나는 내가 설계한 모든 것을 감사히 받아들인다. 나는 자격이 있기 때문이다. 나는 최고로 건강한 몸을 가지고 있다.

- 내가 오늘 될 수 있는 가장 이상적인 나의 모습은 무엇인가? 내가 다가서고 살펴볼 새로운 가능성에는 어떤 것이 있는가? 가능성을 직시하자.

- 나는 올바른 장소에서, 올바른 시간에 올바른 일을 하고 있다. 내 세상에서 모든 것은 빛으로 일렁이고, 반짝이고, 경이롭다.

- 나는 나 자신의 영웅이다. 이 세상에 나 같은 사람은 단 1명도 없다. 나는 나고, 나는 나를 사랑한다. 나는 언제나 배우며 성장하고 있다. 나는 내 생각과 느낌을 사랑한다. 나는 내가 가진, 원하는 인생을 설계하는 힘을 사랑한다.

- 나는 인생을 살아갈 에너지와 열정을 가지고 있다! 설렌다! 그래, 바로 오오오 그거야!

- 나는 타고난 리더이자 선생이다. 나는 다르게 생각한다. 나는 다른 선택을 한다. 나는 변화의 강을 건넜다. 이제 되돌릴 수 없다. 나는 새로운 크리슨이기 때문이다. 날아라, 아름다운 나비야, 날아라!

- 나는 부정적인 생각과 문장, 확언을 끝맺지 않고, 즉시 희망찬 에너지로 전환한다. 이렇게 할 때마다 기분이 좋다.

- 내 인생은 경이로움과 감탄으로 가득 차 있고 나에게는 강력한 영향력이 있다.

- 나는 차분하다. 나는 자신감과 나에 대한 확신이 있기 때문이다. 나는 내 마음이 소망하는 모든 것을 누릴 자격이 있다. 내 몸의 내면과 외면은 머리부터 발끝까지 모든 세포가 온전하고 건강하다. 나는 젊고 아름답다. 내 몸은 아름다운

콜라겐을 생성하고, 내 피부는 밝게 빛나고, 젊음이 넘치고, 눈부시다.

- 내 기막히게 멋진 미래를 예견하는 최고의 방법은 미지의 것으로부터 창조하는 것이다. 두 손을 펼치고, 출발!

- 나는 내가 힘이 있고, 훌륭하고, 관대하고, 온전한 사람이라고 느끼면서 설렘, 기쁨, 사랑, 경이로움을 느끼는 상태일 때 내 소망들이 이미 발현된 것처럼 느낀다. 이 상태는 미래에 생겨날 것이 확실한 감정과 현재의 감정을 연결하고, 내 몸은 그 미래의 일이 이미 일어났다고 믿는다. 이렇게 연결된 상태는 내가 원하는 모든 것이 더 빠르게 발현되도록 도와준다.

- 내가 하게 될 일이 무엇이든 성공할 것이다. 내 손이 닿는 모든 일은 성공한다. 나는 하나의 성공에서 또 다른 성공으로 넘어가고, 이 모든 과정을 즐길 것이다. 나는 최고의 결과를 누릴 자격이 있고, 지금 바로 최고의 결과를 받아들인다. 돈 벌기는 쉽다!

- 돈은 나를 사랑한다! 돈은 나를 사랑한다! 돈은 나를 사랑한다!

- 나는 훌륭한 돈의 관리인이다. 나는 돈을 즐기고 다른 이들과 나누는 것을 매우 좋아한다.

- 나는 건강하고, 튼튼하고, 온전하고 생기가 넘치는 것을 느낀다.

- 나는 사랑, 감사, 기쁨, 경이, 설렘, 관대함 그 자체다.

- 나는 나에게 힘이 있다고 느낀다. 나는 축복받았다고 느낀다.
- 나는 나에게 한계가 없다고 느낀다. 나는 창조자다.
- 나는 타인의 기분을 좋게 만든다. 나는 상대방이 사랑하는 사람이건 낯선 사람이건 거리낌 없이 칭찬한다. 단순한 칭찬으로 어떤 사람의 하루를 더 나은 하루로 바꿀 수 있는데, 낯선 사람에게 받는 칭찬에는 특히 더 강력한 효과가 있다. 나는 세상에 좋은 기운을 불어넣는다. 나는 매일 4명을 칭찬한다. 우선 나 자신부터 시작한다. 그런 다음 가족 중 누군가를 칭찬한다. 그러고 나서 친하지는 않고 그냥 아는 사람, 그 다음에는 낯선 사람 1명을 칭찬한다.
- 나는 다정하다. 나는 카리스마가 있다. 나는 내 새로운 인생을 사랑한다.
- 나는 부가 나의 것이라는 현실을 받아들인다. 나는 내 뇌에 초인적인 힘이 있고, 내가 원하는 무엇이든 쉽게 배울 수 있다는 사실을 안다. 나는 창의적인 천재이자 뛰어난 작가다. 나는 자유가 흘러넘치는, '기막히게' 멋진 내 인생을 감사히 받아들이고 환영한다!
- "나는 내 존재의 중심에 답을 가지고 있다. 나는 내가 누구인지 알고, 내가 원하는 것이 무엇인지 안다."

  – 붓다 (일인칭 형태로 다시 썼다)
- 강렬한 설렘이 느껴지도록 감정적으로 자극된 상상력에 당당

한 기대감이 더해져서 나에게 눈사태처럼 쏟아져 내리는 운을 가져다준다.

- 나는 훌륭한 아이디어와 창의력, 반짝이는 성공을 무한대로 공급받는다. 나에게는 여러 경로의 수입원이 있다. 이제 나는 좋은 것들을 출처가 알려진 것들과 알려지지 않은 것들로부터 얻는다! 나는 할 수 있다.

- 나의 감사하는 마음은 언제나 우주의 창의적인 풍요로움과 부에 근접해 있다. 나는 내 아름다운 인생에 감사한다.

- 나는 내 주위의 세상을 돌아보며 밝고 건강한 빛과 에너지를 느낀다. 낙관주의와 연민이 가득한 세상 말이다. 나는 기쁨을 퍼뜨린다.

  주변에는 아름다운 것이 너무 많다. 오늘, 그리고 모든 내일.

- 내가 돌아보는 모든 곳에서 나를 위해 문이 열린다. 나는 기회에 둘러싸였고, 그 기회들을 환영한다.

- 나는 자격이 있는 사람이며, 열린 마음으로 받아들인다. 나는 건강하고, 강하고, 온전하고, 활기찬 기분을 느낀다.

- 무의식적인 사고의 방향을 전환해서 부와 건강, 풍요로움이 나의 것이며 언제나 내 인생을 순환한다고 믿으면 나는 어떤 형태로든 이 모든 것을 항상 누릴 것이다. 나는 무엇이든 될 수 있고, 할 수 있고, 가질 수 있다. 나는 진동이다. 나는 전기다. 나는 내 미래를 창조한다.

- 부와 건강, 풍요로움은 나의 것이다. 이 모든 것은 내 주변과 내 인생을 언제나 순환하고 있다. 나는 자격이 있다. 우리 모두 자격이 있다!

- 나는 무엇이든 할 수 있다. 나는 목표를 향해 나아가고, 쟁취한다! 나는 세상의 꼭대기에 서 있고, 목표를 향해 나아가고 있다! 나에게는 한계가 없다!

- 나는 넘쳐흐르는 에너지를 가지고 있고 그 에너지와 함께 들썩인다. 나는 전기를 뿜을 수 있다. (찌릿, 찌릿, 찌릿!)

- 나는 명확한 사고력을 가지고 있고, 매일 명료하게 생각한다. 나는 나 자신을 사랑한다.

- 나는 자격이 있다. 나는 자격이 있다. 나는 자격이 있다. 나는 인생에서 가장 최고를 가질 자격이 있다.

- 나는 창의적인 아이디어가 끊임없이 샘솟는 천재다.

- 나는 굉장하다. 나는 사랑스럽다. 나는 나 자신을 인정한다.

- 차원 간에 존재하는 문들은 내가 신비로운 일들을 경험할 수 있도록 나를 향해 열린다. 내 인생에서는 언제나 멋진 우연이 일어난다.

- 내 몸은 활기와 기운으로 가득 차 있다. 나는 희망찬 에너지와 건강, 사랑으로 흘러넘치고, 이로 인해 내가 인생에서 원하는 모든 것들은 나에게 이끌린다. 나는 젊음과 행복을 느끼고, 내 젊음의 유전자가 발현되는 것을 상상한다. 스스로

를 사랑하라. 언제나. 나는 행복하고 차분하다. 내 몸은 장수 유전자를 발현한다.

- 나는 매일 깊은 사랑을 받고 있다고 느낀다. 나는 사랑과 활기를 느끼고 스스로 훌륭하다고 생각할 자격이 있다. 나는 온전하다. 나는 넉넉한 시간과 풍부한 에너지를 가지고 있고 많은 도움을 받는다.

- 내 몸은 매일 더 젊게 느껴진다. 나는 매일 행복을 느낀다. 내 면역계는 힘이 넘치고 강력하다.

- 내 치유 에너지는 남들에게 퍼진다.

- 나의 내면과 주위에는 힘이 있다.

- 내 생각과 뇌는 집중력이 뛰어나고, 내 기억력은 예리하다.

- 나는 모든 사람의 성공을 기뻐한다. 나는 타인의 행운을 사랑한다. 그리고 그렇게 함으로써 나를 향해 행운을 끌어당긴다. 우리는 모두 연결되어 있다.

- 내가 찾는 것 역시 나를 찾는다. 나는 내 성공의 진동과 전자기 주파수로부터 생성되는 모든 것을 끌어당기는 강력한 자석이다. 나는 지금 평온함의 파도가 밀려드는 것을 느낀다.

- 나에게는 날개가 있다. 나는 자유롭고, 가볍고, 차분하고, 침착하고, 개운하고, 편안하다. 나는 날씬하고, 튼튼하고, 행복하고, 활기차다. 나는 열린 마음으로 받아들인다.

- 나는 나를 믿는다.

믿기지 않을 수 있겠지만, 이건 내가 매일 하는 커피 셀프 토크의 전부가 아니다. 이 스크립트에 곁들일 수 있는 수많은 이모티콘과 강렬한 이미지를 상상해보라. 온종일 내 머릿속에 떠오른 새로운 문장을 추가하고 단어를 수정하면서 여러 버전을 만든다.

어떤 것들은 뇌에 영구적으로 새겨져서 스크립트에 더 이상 남겨둘 필요가 없어지기도 한다. 내재화된 것이다. 더 이상 반복할 필요가 없다. 그 단어들을 새로운 단어로 대체할 수 있다.

나는 가끔 단순히 여러 가지를 섞으려는 목적으로 변화를 주기도 한다. 인생의 어떤 분야에서든 같은 내용을 계속 반복하는 것은 지루하다. 하루는 그림을 추가하고, 다른 날에는 단어들을 재배치하는 등 변화를 주면서 커피 셀프 토크 스크립트를 신선하게 유지한다. 뇌는 스크립트가 신선한 상태일 때 더 집중한다.

이 스크립트들을 본격적으로 다루기에 앞서, 개인적인 이야기를 하나 더 들려주고 싶다. 그런 다음 커피 셀프 토크를 슈퍼 충전시키는 기법 몇 가지를 살펴보고, 다음 단계로 업그레이드시킨 뒤, 인생의 다른 분야로 스며들게 하자.

나는 어떻게 커피 셀프 토크로
로맨스 소설 작가가 되었나?

커피 셀프 토크가 내 인생에 구체적으로 어떤 도움을 줬는지 이야기하고 싶다. 이 프로세스를 시작하자 내 인생은 바로 첫날부터 나아지기 시작했다. 나는 더 행복해졌으며 더 큰 에너지와 활기를 느꼈고, 인생을 더 쉽고 즐겁게 살 수 있게 되었다. 커피 셀프 토크는 내가 나를 더 당당하고 아름답다고 느끼도록 만들었고, 내가 스크립트에 쓴 신체적, 정신적 건강에 대한 말들을 행동으로 옮길 수 있도록 동기를 부여했다.

스크립트에는 다른 내용도 있었다. 솔직히 말해서 당시에 나는 그 목표가 어떻게 이루어질지, 가능한 일이기는 한 건지조차 몰랐다. 하지만 그때까지 커피 셀프 토크는 경이로운 결과를 안겨주었기 때문에 '에라 모르겠다'라고 생각하며 그냥 해보기로 했다. 손해 볼 건 없지 않을까? 나는 소설가가 되겠다는 목표를 위한 스크립트를 아예 따로 하나 만들었다. 논픽션은 많이 써봤지만, 소설은 낯설고 신비로운 세상이었다. 심지어 최근에는 소설을 많이 읽지도 않았다. 이야기를 지어내는 능력에 대한 내 셀프 토크는 끔찍한 수준이었다. 나는 스스로를 '스토리텔러'라고 생각해본 적이 없었다. 나에게 없는 능력이라고 생각했다. 소설을 쓰는 건 고등학교 시절 공책을 들고 다니며 아이디어를 끄적였던 고독한 학생이나 할 법한, 남의 이야기였다. 그건 내가 아니었다.

물론 커피 셀프 토크를 시작하자 소설을 쓰는 능력에 대한 내 믿음 그 자체가 소설이었다는 사실을 깨닫게 되었다! 완전히 허구였다. 그런 믿음은 어디에서 비롯됐을까? 누가 알겠나. 어차피 상관없다. 이제 생각을 바꿔야 했다.

그래서 나는 소설가가 되겠다는 목표와 관련된 내용을 이미 즐겁게 하던 커피 셀프 토크에 추가했다. 진심을 담아 믿음으로써, 예전에 재능이 전혀 없다고 생각했던 주제에 대한 문장을 끼워 넣으려는데 빌어먹을, 사실 어디에서 시작해야 할지조차 감을 잡지 못했다.

그냥 다음과 같은 문장들을 추가했다.

나는 뛰어난 작가다. 나는 창의적인 천재다.
나는 이야기로 가득 차 있다.
소설을 쓰는 것은 나에게 쉬운 일이다.

이게 끝이다. 그리고 매일 아침 커피 셀프 토크를 반복했다.

그러자 무슨 일이 일어났을까? 코로나19 팬데믹으로 인해 자가격리를 하면서 애리조나에서 꼼짝하지 못하던 시기였다. 어느 날어머니 집 마당에 앉아 있다가 소설에 대한 아이디어가 번뜩였다.허공에서 나타난 것 같았다. 하늘에서 뚝 떨어졌다. 우와. 충격적이었다. 나는 무언가가 내 머리에 아이디어를 집어넣었는지 뒤돌아보기까지 했다. 왜냐하면, 아니, 내가? 이야기를 생각해냈다고?

갑자기 허공에서 나타났다.

아니… 정말로?

질문: 모든 창의력은 어디에서 나오는가?

답: 무의식!

그래, 아이디어가 어디에서 나왔는지 알지 못하는 것은 당연하다. 이것이 무의식이라는 단어가 의미하는 바다.

그렇다면 무의식은 자신이 그런 아이디어를 만들어낼 수 있다는사실을 어디에서 배울까?

답: 우리가 프로그래밍한 생각으로부터. 이번 경우에는 내 커피

셀프 토크로부터 배웠다. 소설 쓰기와 관련된 커피 셀프 토크를 하기 전, 내가 살아온 지난 40여 년 동안 단 한 번도 이 같은 경험을 해보지 못한 이유를 설명할 유일한 방법이다. 그 오랜 세월 동안 단 한 번도 소설에 대한 아이디어가 떠오른 적이 없었다. 단 한 번도.

스스로 내가 이야기 소재를 많이 가지고 있다고 말하자 갑자기, '허공'에서 이야기가 내 머릿속으로 걸어온 것이다.

충격적인 경험이었다. 셀프 토크의 힘을 믿기는 했지만, 이 사건이 보여주는 명확한 변화와 속도는 완전히 꿈처럼 느껴졌다. 마법 같았다.

한 번으로 끝난 특별한 사건이 아니다. 계속 일어났다. 나는 그 이야기와 함께 모험을 떠났고, 소설로 쓸 장면들은 머릿속으로 세 속 흘러들어왔다! 이야기나 장면에 대한 아이디어가 떨어지면 생각을 강화하는 셀프 토크를 한다. "그래 바로 그거야! 넌 최고야!"

그러니까 커피 셀프 토크는 예전에 내가 전혀 꿈꾸지 못했던 재능과 기술을 안겨주었다. 나는 이제 더 이상 이런 말('내가 할 수 있을 거라고 절대 생각하지 못했던' 같은 말)을 하지 않지만, 지금 여기에서는 내용 전달을 위해 반복했다. 여러분이 내 옛 사고방식을 이해하는 것도 중요하니까.

6개월 전으로 돌아가보자. 이 책을 쓰고 있는 지금, 나는 브리사 스타Brisa Starr라는 필명으로 로맨스 소설을 6편 썼다. 이건 5개월 만에 소설 6편을 썼다는 뜻이며, 집필 기간(편집 기간 제외)에 매일 약 6,000 단어를 썼다는 계산이 나온다. 게다가 미래에 사용하려고 만들어둔 소설 아이디어 목록은 내 팔 길이만큼 길다.

인생에서 소설을 단 한 글자도 써본 적이 없는 내가, 갑자기 40대가 되어서 이 모든 창의력을 발휘하게 된 원인은 무엇일까?

여러분은 이미 답을 알고 있다. 이 창의력은 내 커피 셀프 토크에서 비롯됐다.

댐의 수문이 열리는 것과 비슷하다. 이야기가 내 머릿속에서 나온다는 사실을 깨달은 순간, "야, 이거 진짜 되잖아" 하고 알아차렸다. 마치 1954년에 육상 선수 로저 배니스터Roger Bannister가 그전까지 모든 사람이 불가능하다고 생각했던 4분 안에 1마일(약 1.61킬로미터) 달리기의 장벽을 무너뜨리자 딱 46일 후에 다른 선수가 그의 기록을 깼던 것과 비슷하다(현재 세계 신기록은 1999년에 세운 3분 43초 - 옮긴이).

다시 말해, 할 수 있음을 한 번 깨닫자 정말 할 수 있다는 것을 알게 된 것이다.

소설 아이디어가 처음 떠올랐던 날 이후로 며칠 동안 잠을 잘 수가 없었다. 머릿속에서 아이디어가 흘러넘쳤다! 그때를 회상하고 공유하는 것만으로도 눈물이 날 것 같다. 나는 어떤 일을 잘하지 못한다고 생각했던 사람에서 그 일을 정말 할 줄 아는 사람이 되었다!

뇌를 재구성했고, 스스로에게 '나는 뛰어난 작가다. 나는 창의적인 천재다'라고 말했을 뿐이다. 다시, 그리고 다시, 또 한 번 더. 그러자 그 말은 현실이 되었다.

커피 셀프 토크 덕에 그 후로도 나는 승승장구했다. 나는 작가의 셀프 토크 스크립트를 아예 별도로 하나 만들었다. 스크립트를 커다란 무지개색 단어장에 적었고, 스크립트를 읽는 내 목소리를 리듬감 있는 배경음악과 함께 녹음했다. 나는 거의 매일 그 녹음 파일을 들었다. 몇 달이 지난 지금도 그 파일을 듣고 있다.

작가의 커피 셀프 토크 스크립트:
- 나는 뛰어난 작가다. 나는 1년에 책을 10권씩 쓴다.
- 나는 내 뇌를 사랑한다. 내 뇌는 강하고, 건강하고, 힘이 넘친다.
- 나는 회복력이 뛰어나다.
- 나는 아름답고 창의적인 천재다.
- 나는 이야기로 가득 차 있다.
- 나는 용감하다.

- 나는 매일 아침 일어나는 것이 너무 신난다. 일어나서 소설을 쓸 수 있기 때문이다.
- 나는 내 인생을 사랑하고, 인생은 나를 사랑한다.
- 나는 집중하고 있다.
- 나는 고차원적인 생각 속에 산다.
- 내 마음은 기쁨과 설렘으로 가득 차 있다.
- 내 뇌는 경외심으로 가득 차 있다.
- 나는 미래의 베스트셀러 작가로 정의된다.
- 내 안에서 소설에 쓸 단어와 장면이 쏟아져 나온다.
- 나는 내 인생을 사랑한다. 나는 내 이야기를 사랑한다.
- 나는 소설을 쓰는 것이 너무 재밌다.
- 소설 쓰기는 내 혈관 속을 흐른다.
- 나는 베스트셀러 작가다.
- 나는 매일 5,000~7,000개의 단어를 쓴다.
- 내가 해내는 모습을 지켜보라!
- 나는 행복하고 섹시한 백만장자다.
- 나는 끝내주게 멋진 작가다.
- 글쓰기는 신난다. 나는 스토리텔러다.
- 소설을 쓰는 것은 나에게 쉽고 재미있다.
- 나는 내 디지털 음성 녹음기로 책을 쉽게 구술한다.
- 나는 내 노트북을 사랑으로 축복한다. 내 노트북은 나에게

> 매일 돈을 갖다준다.
> ● 나는 나를 사랑한다. 모든 것은 끝내주게 잘 될 것이다.

위는 원본 스크립트다. 스크립트를 타이핑하면서 나는 책상 위에 올려둔 거대한 단어장에 쓴 이 내용을 또 읽었다.

조만간 이 스크립트를 더 구체화할 예정이다. 판타지 소설을 쓰겠다는 새로운 목표가 생겼기 때문이다. 지금 쓰고 있는 에로틱한 로맨스 소설도 좋아하지만, 다른 장르에도 도전해서 영역을 넓혀보고 싶다.

그러자 어떤 일이 일어났는지 아는가?

앞서 더는 하지 않는다고 했던, 부정적인 생각이 슬그머니 기어들어 오려고 했다.

"하지만 크리슨, 너는 판타지 소설 쓰기에 대해 아는 게 아무것도 없잖아. 도대체 그런 전설적인 세계와 캐릭터, 스토리라인을 어떻게 만들려고 그래? 네가 전쟁, 요정, 괴물, 마법 따위가 등장하는 이야기를 쓰는 게 말이 돼?"

우하하하! 감히 내 머릿속으로 침투하려는 이 건방진 약골의 면

전에서 웃음을 터뜨리자.

　나는 당연히 판타지 소설을 쓸 수 있다! 중요한 건 판타지 소설을 쓰려고 준비하는가, 아닌가 뿐이다. 이 소망이 언제 발현될지는 모르겠지만, 나는 커피 셀프 토크를 활용한 시작 방법을 확실히 알고 있다. 따라서 위에 수록한 작가의 셀프 토크 스크립트에 다음과 같은 문장을 추가할 것이다.

- 나는 베스트셀러 판타지 소설을 쓰는 작가다.
- 판타지 소설에 쓸 단어와 장면이 나에게서 쏟아져 나온다.
- 나는 전설적이고, 환상적이고, 충격적일 정도로 놀라운 판타지 세계를 만든다!

　이렇게나 간단하다.

3장

커피 셀프 토크를 잘하는 법 12가지

이제 커피 셀프 토크의 기본에 익숙해졌으니, 다음은 이 로켓을 여러분이 설계한 미래를 향해 얼마나 멀리 쏘아 올릴 수 있을지 살펴볼 차례다. 업그레이드된 커피 셀프 토크를 사용해서 모든 것을 더 높은 수준으로 끌어올리자.

나는 최대치로 반짝반짝 빛나고, 영광의 빛을 내뿜기 위해 아래에 적어둔 비법을 전부 주기적으로 활용한다.

1
이미지를 사용하라

우리 뇌는 이미지를 좋아한다. 이미지를 사용하면 뇌의 더 많은 부

위가 활성화되고, 이는 우리가 고조된 감정을 더 많이 느낄 수 있도록 도와준다.

뇌가 이미지를 사랑하는 이유는 단어보다 기억에 더 잘 남기 때문이다. 기억 전문가들은 더 쉽게 기억하기 위한 핵심 방법은 정신적 이미지를 사용하는 것이라고 말한다. 이미지는 머릿속에 각인되어 셀프 토크를 더 쉽게 기억하게 한다. 인터넷에서 찾은 사진, 직접 찍은 사진, 심지어는 종이에 연필로 그린 스케치나 끄적인 것으로도 이 효과를 볼 수 있다. 이미지는 뇌의 재구성 프로세스를 슈퍼 충전시킨다.

모든 문장에 이미지를 사용할 수도 있고, 특별히 강조하려는 문장에만 사용할 수도 있다. 이미지는 반드시 문장과 직접 연관될 필요가 없다. 우리가 잡아두고자 하는 고조된 감정을 자극히기만 하면 된다.

예를 들어, '나는 오늘 최고로 멋진 하루를 보내고 있어!'라는 문장 바로 뒤에 이미지를 추가할 수 있다. 인터넷에서 검색할 수 있는 대중적인 사진 중에서 마음에 드는 사진을 고르면 된다. 바다, 산, 동물 등의 그림 또는 예술 작품일 수도 있다. 감탄을 자아내는 이미지라면 무엇이든 좋다.

나는 영감을 받으려고 스크립트에 인터넷에서 찾은 이미지를 많이 넣었다. 그 이미지들을 보면 더 큰 힘이 내 정맥 속을 흘러 다니

는 것 같은 기분을 느낀다. 이 이미지들은 더 큰 열정을 심어주고 기분을 배가시킨다. 예를 들어, 내 스크립트에 있는 새로운 자아를 서술한 부분을 보자.

> 나는 새로운 사람이다. 내 눈을 들여다보면서 다른 사람이 보는 것을 본다. 나는 내 오래된 정체성을 떠나보냈고 내가 설계한, 완전히 새롭고 마법 같은 인생을 살고 있다. 용감하고, 가슴 뛰고, 경외심에 차 있고, 인생과 사랑에 빠져 있고, 침착하고, 친절하고, 황금빛으로 일렁이는 삶.

이 문장 뒤에는 잿더미에서 새로 태어난, 불타며 날아오르는 불사조 그림이 있다.

건강과 온전함을 느끼고 싶다면 당신을 건강하고 온전하게 느끼게 만드는 이미지를 추가해라. 몸에 좋은 음식 사진일 수도 있고, 스포츠 경기를 하는 사람일 수도 있다. 아니면 해변을 개와 함께 뛰는 사람이나 차크라chakra 에너지 중심부를 그린 알록달록한 이미지일지도 모른다. 요점은 당신이 좋아하고, 당신의 기분을 좋게 하는 이미지를 찾는 것이다.

커피 셀프 토크를 하면서 이러한 이미지를 보는 것은 숨 쉬며 살아 움직이는 비전 보드를 바라보는 것과 비슷하다. 스크립트에 이미지와 강조 효과를 더하고 그 이미지를 보면서 소리내어 읽을 때, 꿈은 더 빠르게 실현될 수 있다. 실시간으로 꿈이 실현되는 것을 정말 느낄 수 있다.

이런 거야말로 정말 강력한 비법이다!

2
이모티콘!

커피 셀프 토크 스크립트를 업그레이드시키는 또 하나의 재미있고 간단한 방법은 이모티콘을 사용하는 것이다. 내 스크립트는 이모티콘으로 가득 차 있다. 나는 무지개, 점쟁이의 수정 구슬, 모든 색상의 하트, 미소, 해, 달, 별, 근육질 팔, 춤, 커피(당연히), 돈 자루, 비행기, 해변/섬, 나비(곤충의 변태라는 의미를 담아서!) 등을 좋아한다. 창의력을 발휘해보자. 스크립트에 이모티콘을 추가하는 것은 재미있고 의미 있는 프로세스이며, 아마 우리는 시간이 지날수

록 더 많은 이모티콘을 추가할 것이다. 섬세하게 표현된 감정 이모티콘 디자인이 우리를 사로잡는다. 가볍고 장난스럽게 보이겠지만 그 안에는 특별한 무언가가 있다. 우리에게 필요한 것이 바로 이 특별함이다.

3
글씨체, 밑줄, 기울임, 굵은 글씨를 활용하라

나는 특정 구절을 강조하기 위해 밑줄을 긋기도 하고, 글씨를 기울이거나 글씨 굵기를 바꾼다. 어떤 문장들은 가운데로 정렬시키고, 어떤 문장들은 오른쪽으로 보내고, 시각적 다양성을 더하기 위해 단어의 간격을 바꾼다. 내가 끄적인 작은 낙서들도 휴대전화 메모장 앱을 사용해서 입력한다. 이 모든 방법은 감정적으로 더 큰 울림을 주고, 더 큰 주의를 끌고, 더 재미있는 셀프 토크를 만든다.

4
환경을 최적화하라

환경은 커피 셀프 토크를 방해하기도 하고 돕기도 한다. 커피 셀프 토크는 편안하고 영감을 주되, 바른 자세를 취할 수 있는 물리적인 공간에서 가장 잘 할 수 있다. 구부정한 자세는 안 된다! 연구에 따르면 좋은 자세로 바르게 앉는 것은 에너지를 증가시키고 스트레스를 줄이면서 더 큰 행복을 느끼게 한다. 그렇지만 비스듬히 기대어 앉았을 때 특히 더 큰 행복을 느끼게 해주는 것, 예를 들어 커다랗고 푹신한 소파 같은 것이 있다면 여러분의 행복을 강화해주는 방식을 따르길 바란다.

부엌, 서재, 거실을 둘러보며 셀프 토크에 좋은 환경을 찾아보자. 당장 눈에 띄는 공간이 없다면, 공간을 정비할 기회로 삼아라. 나는 보통 커피 셀프 토크를 부엌의 앉을 수 있는 공간에서 하고, 가끔 거실 소파에서 하기도 한다. 애리조나에 있는 어머니 집에 머물 때는 아침에 머리 위로 언제나 밝고 파란 하늘이 보이는 테라스에서 했다(이 테라스는 내가 좋아하는 커피 셀프 토크 공간 중 하나다).

환경을 의도적으로 조성하면 경험과 감정, 기분을 증폭시킬 수

있다. 이는 전체 프로세스에 더 큰 의도를 부여하므로 커피 셀프 토크 시간에 매우 중요하다. 공간을 사랑하면 기분이 좋아지고 매일 하는 습관을 지속할 수 있다. 커피의 효과처럼, 습관화된 공간은 최적화된 상태를 촉발할 것이다.

그러나 이상적인 공간을 매일 사용할 수 없다고 해도 걱정할 필요 없다. 그냥 할 수 있는 어디에서든 하면 된다.

다른 여러 요소도 환경의 완성도에 영향을 끼친다. 사람마다 선호하는 분위기가 다르겠지만, 나는 스파spa 느낌이 나는 공간에 있을 때 가장 힘이 솟고 기분이 좋다. 개인적으로 스파 자체를 좋아하기 때문이 아니라(물론 좋아하기는 한다), 스파는 수십 년 동안의 시행착오 끝에 만들어진, 사람들이 편안함을 느끼는 완벽한 분위기의 공간이기 때문이다. 환경을 업그레이드시키기 위해 고려해볼 만한 몇 가지 요소는 다음과 같다.

- **태양광** ｜ 커피 셀프 토크는 아침 의식이므로 해가 잘 드는 곳에서 하면 특히 더 좋다. 태양광은 우리를 잠에서 깨우고, 집중하고, 기분 좋게 만드는 데 도움을 준다.
- **자연과 관련된 모든 것** ｜ 야외, 신선한 공기, 산뜻한 바람, 식물
- **인공 폭포** ｜ 내면에 침잠하는 데 졸졸 흐르는 물소리처럼 효과적인 것은 없다. 작은 실내 분수도 영혼에 환상적인 영향을 미

친다(커피 셀프 토크를 할 때뿐 아니라 온종일).《블루마인드Blue Mind》를 저술한 해양생물학자 월리스 J. 니컬슨Wallace J. Nichols는 사람들이 물밑, 수면 위, 혹은 근처에 있을 때 진입하는 가벼운 명상 상태를 '블루마인드'라고 불렀다.

- **좋은 향기** ｜ 커피(!), 갓 구운 빵, 꽃, 인센스, 아로마 오일 등 좋아하는 것이라면 무엇이든 좋다.

- **소리** ｜ 물(한 번 더), 풍경, 새, 음악(음악에 대해서는 뒤에서 더 이야기할 예정이다).

- **방해 요소 제거하기** ｜ TV를 끄고, 휴대전화를 비행기 모드로 설정해놓고, 집에 있는 모든 사람에게 혼자만의 시간을 갖게 해달라고 부탁한다.

5

소리내어 말하라

어떤 사람들은 커피 셀프 토크를 혼자 조용히 읽는다. 사람이 가득 찬 공공장소에 있을 때처럼, 때로는 이런 묵독이 우리의 유일한 선

택지일 수 있다. 그래도 가능하다면 언제든 당신의 셀프 토크를 소리 내어 말하라!

소리내어 말하면 집중력이 더 높아지고 생각이 덜 산만해진다. 또한, 읽기(눈), 말하기(입), 듣기(귀) 3가지 능력이 사용된다. 이는 뇌에서 일어나는 활동의 수준이 소리내지 않았을 때보다 3배 정도 강력하다는 뜻이다.

소리내지 않고 읽었을 때는 잡생각이 자주 들곤 한다. 할 일이나 전날 밤 수면의 질, 저녁에 만들어 먹을 메뉴 생각이 떠오르기도 한다. 반면 커피 셀프 토크를 읽고, 말하고, 듣는 것은 집중력을 매우 예리하게 만들며, 더 쉽게 기억하고 더 큰 의미를 부여해준다.

이미 여러 차례 말했듯이 말하는 단어들을 아직 믿지 않아도 괜찮다. 목표를 이룰 때까지 이룬 척하는 것은 실제로 효과가 있다. 무하마드 알리 Muhammad Ali 는 이 말을 몸소 실천한 사람으로 유명하다. 언젠가 그는 말했다.

"위대한 챔피언이 되려면 스스로가 최고라고 믿어야만 한다. 만약 여러분이 최고가 아니라면 최고라고 상상하라."

상상도 뇌를 계속 발화하고 강화한다. 뇌는 상상 속에서 일어나는 것과 실제로 일어나는 것의 차이를 구분하지 못한다. 그러니 '성공을 위한 리허설'이라고 생각해보자. 우리가 상상한 모습은 조만간 현실이 될 것이다.

이쯤에서 뇌가 우리가 하는 말과 진실의 차이를 구분하지 못한다는 말에 의구심을 품을지도 모른다. 물론, 일부는 차이를 안다. 말을 하는 여러분의 일부는 말이다. 하지만 새로운 신경 연결을 강화하는 뇌의 부위는 차이를 모른다. 그저 신경을 연결할 뿐이다. 바로 이것이 사람들이 생각만으로 혈압을 높이고 코르티솔을 분비할 수 있는 이유다. 행복한 만남을 상상하고 그 생각으로 머릿속을 가득 채우면서 스스로 행복하다고 계속 반복해서 말하면 뇌는 당신이 행복하다고 믿을 것이다.

만약 커피 셀프 토크를 소리내어 할 수 없다면, 최소한 단어를 입 모양으로 말하는 것도 속으로 읽는 것보다는 효과가 있다. 정말이다. 최소한, 커피 셀프 토크를 하는 동안에 바른 자세를 유지하라. 내 말을 믿어라. 효과가 있다. 잽싸게 차렷 자세를 취하고, 의도를 가지고 커피 셀프 토크 문장들을 입 모양으로 말하면 뇌가 알아차린다. (지금 당장 이 방법을 실험해보라. 내 말이 무슨 뜻인지 알게 될 것이다!)

아무도 보고 있지 않은 것처럼 춤을 취야 한다.
- 윌리엄 W. 퍼키 William W. Purkey

6
에너지를 더하라

더 큰 효과를 얻기 위해 커피 셀프 토크에 활기를 불어넣을 수 있다. 단어들을 강조해서 말하고 문장 사이사이에 "좋오오오아!!!"라고 소리치며 추임새를 넣으면 감정 상태가 증폭된다.

더 많은 동작과 추임새를 넣을수록 생각과 몸은 커피 셀프 토크를 더 잘 믿게 된다. 그러니까 열정적으로 뛰어들어라! 우리 내면에 있는 메릴 스트립이나 로버트 드 니로가 되라. 영화배우가 된 것처럼 연기하라! 정말 제대로 하면 확언이 담긴 커피 셀프 토크의 리듬을 뇌에 더 빠른 속도로 깊숙이 새길 수 있다. 반짝거리는 당당함, 에너지와 강조 효과를 더하면 더 강력한 반응이 일어난다.

더 좋은 방법은 가끔 일어서서 원더우먼처럼 손을 허리에 올려두고 당당하게 어깨를 편 자세로 커피 셀프 토크를 하는 것이다! 자신감을 높이고 스트레스를 줄이는 이런 자세의 이점을 활용하라. 바보 같다는 생각이 드는가? 괜찮으니까, 그냥 해보자. 원한다면 장난을 치듯이 해도 된다. 과장된 움직임을 더해라. 두 손은 허리께에 올려놓고, 두 눈은 앞을 주시하고, 다 안다는 듯한 미소를 살짝 짓는다(모든 비밀, 답을 알고 힘이 있음을 보여주는 듯한, 다 아는 척하는 미소가 무엇인지 여러분도 알 것이다). 그렇다! 다들 시동을 걸어라!

7
영화처럼 사운드트랙을 추가하라

끝내주는 다음 단계는 강렬한 음악을 더하는 것이다. 이 음악은 커피 셀프 토크를 소리내어 읽는 동안 배경음악으로 틀 수도 있고, 혼자 녹음한 (또는 구매한) 커피 셀프 토크에 같이 녹음할 수도 있다.

영화에 사운드트랙과 연주곡이 삽입되는 이유는 무엇일까? 이런 음악들은 관객들의 감정을 움직인다. 가장 좋아하는 드라마나 영화를 떠올려보고, 그 작품에 음악이 없다면 어땠을지 생각해보라! 감동이 떨어지거나 기억에 잘 남지 않을 것이다. 기분 좋은 음악을 더함으로써 커피 셀프 토크를 업그레이드시킬 수 있을 뿐 아니라 더 즐겁게 할 수 있다!

우리가 듣는 음악은 뇌에 영향을 준다. 커피 셀프 토크를 읽는 동

안 듣는 음악은 우리가 형성하고자 하는 기분을 증폭시키고 심화시킬 것이다. 아직 과학자들은 정확히 왜 이런 일이 일어나는지 밝혀내지 못했지만, 음악이 뇌의 여러 부위와 연결선을 자극해 연관성을 형성하기 때문인 듯하다. 그뿐만 아니라 즐거운 음악은 '보상' 신경전달물질이라고 알려진 도파민의 분비를 유도하기 때문에 스트레스를 줄이며 기분을 전환하고, 상태를 바꾸는 가장 쉬운 방법이다. 커피 셀프 토크를 할 때마다 같은 음악을 반복해서 들으면 단어와 음악이 연동된다. 그 노래를 들을 때마다 머릿속은 우리의 커피 셀프 토크로 가득 차고(더 정확하게 말하면 커피 셀프 토크로 부호화된 정신 상태가 뇌에 로딩된다), 이를 통해 커피 셀프 토크를 하고 싶은 마음이 들도록 훈련할 수 있다.

좋아하는 노래들을 죽 훑어보면서 기운을 끌어올리고, 영혼에 영감을 주며, 강력한 영향력과 에너지가 흘러넘치는 느낌의, 감정을 움직이는 노래 한 곡을 찾아라. 그런 다음 이 곡을 반복 재생해서 커피 셀프 토크를 읽는 동안 계속 들어라. 이 곡이 당신의 '커피 셀프 토크용 노래'다. 여러 곡을 엮어서 '커피 셀프 토크용 재생 목록'을 만들 수도 있다. 이는 다양성이라는 장점이 있긴 하지만, 개인적으로는 한 곡을 반복하는 방법이 가장 강력하다고 생각한다. 그렇게 하면 그 곡이 셀프 토크에 매우 강력하게 연동되기 때문이다. 몇 달 뒤, 또는 1년이 지났을 때, 아니면 인생의 새로운 막이 시작됐을 때 새로운 노래로 바꿀 수도 있다.

커피 셀프 토크와 음악의 결합에 대한 또 하나의 흥미로운 점은 이 조합이 시간에 대한 인식을 변화시키는 강력한 감정적 자극이라는 것이다. 좋아하는 음악을 들을 때 시간이 쏜살같이 지나거나, 잠깐 차원을 이동한 것처럼 멈췄다가 음악이 끝나면서 현실로 돌아온 것 같은 느낌을 경험한 적이 있는가? 또는 음악이 마치 최면에 걸린 것 같은 상태에 빠지게 한다는 느낌을 받았던 적이 있는가?

수십 년 동안 신경과학자들과 예술가들은 이완하거나, 시각화하거나, 창의력을 발휘하거나, 심화 학습을 위해 뇌가 알파파 상태(8~12Hz)에 있도록 했다. 지난 수천 년간 명상가들이 그래왔던 것처럼 말이다. 나는 직감과 개인적인 경험을 통해 이런 상태에서 커

피 셀프 토크를 하면 강력한 효과가 나타난다는 것을 안다.

최근에 나는 드리밍 쿠퍼Dreaming Cooper의 음악 〈리퀴드 플로우Liquid Flow〉를 내 데일리 커피 셀프 토크의 주제곡으로 선정했다(이 음악은 유튜브에서 찾을 수 있다). 정확히 내가 바라던 분위기였다. 이제 나는 그 음악을 듣는 즉시 커피 셀프 토크를 하면서 뇌에 각인해둔 모든 것을 느끼고 생각할 수 있도록 프로그래밍되었다. 완전 최고다!

내 일과 중에 이 노래는 얼마나 자주 등장할까?

정확히 5번이다.

왜 5번이냐고? 이 질문에 답하기 위해⋯ 나의 다음 팁인 백만장자 1분으로 넘어가 보자.

8
백만장자 1분

나는 내가 창안한 이 강력한 기법을 '백만장자 1분'이라고 부른다. 백만장자 1분은 내 휴대전화에 설정된 알람으로, 하루 중 정해진 시간에 특정 음악을 재생하고 나의 '해피 섹시 백만장자' 상태를 촉발하는 역할을 한다. 그러니까, 나를 해피 섹시 백만장자가 발현된 자아와 연결해둔 사고방식과 기분, 생각으로 이끌어준다.

나는 하루를 이렇게 멋진 상태로 살아간다⋯. 음, 특별히 더 강렬하게 느껴지는 순간이 있긴 하지만, 전반적으로 멋진 기분을 느낀다. 빨래하거나, 공과금을 내거나, 장을 보는 등 사는 데 수반되는 지루한 일과를 보내다 보면 황금빛으로 빛나야 하는 내 임무를 잠깐씩 잊어버린다.

그러다 느닷없이 나의 백만상자 1분 알람이 울린다!

그리고⋯ 쾅!

이 노래의 도입부가 들리면 나는 마법처럼 마음속 공간으로 즉시 이동한다.

하던 일이 무엇이었든 바로 멈추고(불가능하거나 부적절한 경우를 제외하고), 눈을 감고 바르게 앉아서(또는 일어서서) 숨을 깊이 들이쉬고 그 기분이 나에게 밀려오도록 내버려둔다. 이 과정은 아주 멋지다. 중요하지 않은 것들로 방해받은 상태에서 다시 정상 궤도로 올라서는 데 실패한 적이 단 한 번도 없다. 나는 이 가벼운 무아지경 속에 10~60초 동안 가만히 머무른다. 그리고 나서 알람을 끄고 내 하루를 다시 살아간다. 다만, 완전히 새로워진 관점과 고조된 감정으로.

그리고 이런 일이 하루에 5번씩 일어난다!

나는 알람이 매일 오전 10시, 12시, 오후 2시, 오후 4시, 그리고 오후 6시에 울리도록 설정해두었다. 이 시간에 드리밍 쿠퍼의 〈리퀴드 플로우〉가 재생된다.

백만장자 1분은 어떤 효과가 있을까? 음, 나는 〈리퀴드 플로우〉와 멋진 기분을 연동했다. 알람이 울리면 100만 달러가 생긴 기분이 드는 내 강력한 커피 셀프 토크를 떠올린다. 이 노래는 내가 매일 백만장자의 모습을 발현시킨다는 사실을 상기시킨다. 긍정적인 생각뿐 아니라, 내가 하는 모든 행동과 하는 일에 대한 사랑과 노력도 포함해서 말이다. 이 리마인더는 내 뇌가 희망차고 좋은 기분을 느끼게 한다. 내가 커피 셀프 토크로 발현시키고 있는 인생에 다가서게 해준다. 매일매일 상기시켜준다.

내 식구들은 백만장자 1분 의식에 대한 모든 것을 알고 있다. 이제 알람이 울리면 가족 구성원 모두가 황금빛으로 일렁이는 기분이 되어 음악이 우리를 감싸도록 내버려둔다. 남편은 〈리퀴드 플로우〉를 셀프 토크와 연동하지 않았고 내 알람을 다 듣는 건 아니지만, 이 음악이 자신을 '리셋'해주고 더 큰 집중력과 정신력을 가져다주는 데 실패한 적이 한 번도 없다고 말한다.

9
당신의 커피 셀프 토크를 녹음하라

슈퍼스타인 당신을 위한 다음 단계… 자, 숨 한 번 고르고… 바로 배경음악으로 우리가 선택한 노래를 재생하면서 셀프 토크를 녹음하는 것이다! 맙소사, 이건 끝내주게 재미있고 흥미로운 방법이다. 셀프 토크를 녹음하면 아무 때나 내 셀프 토크를 들을 수 있다. 마트에 걸어가거나, 자동차를 운전하거나, 아침에 외출 준비를 하거나, 헬스장에서 운동하거나, 설거지하거나, 요리하거나, 침대에 누워 잠을 청하면서 들을 수도 있다.

내가 가장 좋아하는 커피 셀프 토크 방법은 헤드폰을 쓰고 커피를 담은 머그잔을 손에 든 채 부엌과 거실을 걸어 다니면서 내 녹음된 자아가 내 귀에 대고 말하는 소리를 듣는 것이다. 습관을 3중으로 쌓는 방법이다.

커피 + 셀프 토크 + 걷기

이때 강력한 잠재력을 지닌 몇 가지 일들이 일어나면서 커피 셀

프 토크의 효과를 증가시킨다.

자, 일단 걸으면서 발생하는 반복적인 움직임이 몸 안에서 아름다운 이완 반응을 일으킨다. 그러면 스트레스가 즉시 줄어들기 시작한다. 이와 동시에 우리의 내면에서 희망찬 느낌과 함께 에너지가 솟는다. 기억하라, 희망찬 느낌과 고조된 감정은 여러분의 커피 셀프 토크와 꿈이 더 빨리 발현되도록 도와주는 핵심 재료다.

몸 양쪽을 움직이는 걷기는 뇌에 놀라운 방식으로 도움을 준다. 그리고 덤으로 하루 걸음 수를 조금 더 채울 수도 있다! 강도를 더 높이고 싶다면 내가 가끔 하는 방식을 시도해봐도 좋다. 커피를 마시고, 커피 셀프 토크를 듣고 말한다…. 워킹 런지walking lunge(앞으로 걸어 나가면서 하는 런지 자세-옮긴이)를 하면서 말이다!

매일 아침 주기적으로 커피 셀프 토크를 읽을 시간이 없는 사람도 있다는 사실을 안다. 커피 셀프 토크를 녹음하면, 시간이 촉박해서 커피를 마시며 집을 나서야 하는 날에도 커피 셀프 토크의 위대한 효과를 얻을 수 있다. 최선을 다한다면 인생을 바꾸는 셀프 토크를 하루에 한 번 이상 경험할 수도 있다. 평소처럼 아침에 커피 셀프 토크 스크립트를 들고 자리에 앉아 커피를 마시며 스크립트를 읽어라. 그리고 나서 저녁 식사를 요리하거나 설거지를 할 때 커피 셀프 토크를 배경음악으로 재생해라.

녹음된 자기 목소리를 듣는 건 조금 이상할 수 있다. 어색한 것이

정상이며, 이는 일시적인 현상이다. 마치 새로운 머리 스타일을 한 내 모습이 낯선 것과 비슷하다. 금세 의식하지 못할 것이다. 자신의 셀프 토크를 듣는 행위의 영향력은 엄청나므로 이 조정 기간은 거칠만한 가치가 있다!

우리가 자신의 목소리를 들을 때(특히 자기 목소리에 익숙해지고 더는 평가하지 않게 됐을 때) 머릿속에서 목소리가 내적 대화처럼 재생된다. 마치 '내'가 '나'에게 안부를 전하는 것과 비슷하다. 그리고 생각해보면, 이런 내적 대화는 정확히 우리가 생각할 때 일어나는 일이다! 우리는 대화로 생각한다. 대부분 소리 없이 스스로와 끊임없이 대화를 나눈다. "오늘은 뭘 입지? 흠, 이 셔츠가 좋긴 한데 이틀 전에 이미 입었네…" 등등.

우리 머릿속은 여러 가지 시스템으로 구성돼 있고, 각각의 시스템에는 자신만의 '성격'이 있다. 예를 들어 '이성적인' 뇌 vs '감정적인' 뇌가 있다. 또는 5킬로그램을 감량하고 싶은 마음 vs 쿠키를 딱 한 조각만 더 먹는 건 괜찮다는 마음도 있다. 나는 녹음된 내 커피 셀프 토크가 내 '상위 버전의 자아', 즉 나에게 장기적으로 최선이 무엇인지 아는 자아라고 생각하길 좋아하며 그 자아를 신뢰한다. 내가 듣는 이 자아의 목소리에는 권위가 있다. 이 권위는 일종의 힘이고, 이 힘은 나에게서 나온다!

나는 코로나19 팬데믹이 한창이던 시기에 지속적인 공포와 뉴스

속에서 희망과 건강, 힘을 잃지 않기 위해 내가 녹음해둔 커피 셀프 토크에 크게 의존했다. 어느 때라도 압도된 기분을 느끼면 이어폰을 귀에 꽂고 청소하고, 일하고, 요리하고, 집 주변을 걸어 다니면서 녹음된 커피 셀프 토크를 들었다. 커피 셀프 토크는 힘든 시기에 큰 도움이 된다.

내가 커피 셀프 토크를 녹음하는 방법은 다음과 같다.

세련된 기술은 전혀 없다…. 전문 음향 기기나 그와 비슷한 것도 없다. 이 파일을 들을 사람은 나밖에 없으므로 완벽할 필요가 없다.

앞서 이야기했듯이 나는 커피 셀프 토크를 타이핑하는 데 휴대전화에 있는 메모장 앱을 사용한다. 이 방법은 매우 편리한데, 휴대전화를 항상 소지하고 있으므로 아이디어가 떠오르거나 영감을 받을 때마다 스크립트를 추가하거나 수정할 수 있다. 또한, 이 메모장 앱과 동기화할 수 있는 태블릿 기기에 내 커피 셀프 토크를 띄워놓고 〈리퀴드 플로우〉를 재생해둔다. 그러고 나서 기본 앱인 음성 메모 앱을 켠다. 물론 녹음 앱이라면 뭐든 다 괜찮다.

그 후 커피 셀프 토크를 녹음한다. 스크립트를 읽는 동안 배경음악이 재생된다. 내 목소리와 음악을 꽤 괜찮은 수준으로 조합한 결과물이 탄생한다. 이 프로세스로 음질 부문의 오스카상을 타지는 못하겠지만, 마법 같은 삶을 살기 위해 뇌를 다시 프로그래밍하는 역할은 충분히 하고도 남는다!

스크립트를 읽을 별도의 태블릿 기기가 없다면, 컴퓨터에 띄워서 읽거나 종이로 인쇄해도 좋다. 아니면 스크립트를 종이에 적고, 녹음하는 동안 종이에 적힌 스크립트를 읽을 수도 있다.

대체로 나는 녹음된 커피 셀프 토크를 하루에 한 번씩 듣는다. 가끔 보통 때보다 더 큰 에너지를 느끼면, 대부분의 무제한 반복으로 재생해둔다. 그리고 일하면서 이어폰으로 커피 셀프 토크를 듣는다. 끝내주게 멋지다!

10
캘린더로 리마인드하라

가끔 정신이 멍해질 때가 있다. 우리는 바쁘고 산만할 때 게으르고 부주의하기 쉽다. 이런 상황에 대응하는 하나의 팁은 커피 셀프 토크 스크립트에서 문장 한 줄을 복사해서 휴대전화 캘린더 앱에 붙여 넣는 것이다. 매일 그 문장이 화면에 뜨도록 설정해두자. 그러면 정신이 없을 때 갑자기 캘린더의 문장이 눈에 들어올 것이다. 당신이 얼마나 멋진 사람인지 상기시키는 작은 리마인더다. 이 방법은

매우 효과적이지만, 아주 간단하며 나를 킥킥거리며 웃게 만든다.

우리는 바쁘게 살아가면서 우리의 목표와 포부를 가끔 잊어버린다. 목표를 기억하더라도 그 목표를 향해 언제나 움직여야 한다는 사실을 잊어버리곤 한다. 가끔 감정을 절제하지 못하고 오히려 감정에 지배당할 때도 있다. 우리는 좋은 감정을 느끼는 것을 잊어버리기 때문에, 항상 혹은 일상의 최소 95퍼센트는 기분 좋게 지낼 수 있다는 사실을 상기할 필요가 있다. 짧은 문장은 이 역할을 완벽하게 수행한다.

가끔 나는 내 데일리 캘린더 리마인더에 다음과 같은 문장을 설정한다.

나는 친절하고 사려 깊은 엄마다.

여러분은 엄마에게 이 말을 상기시켜줄 필요가 없다고 생각할 수 있지만, 음… 나는 리마인더가 이런 말들을 상기시켜줬을 때 큰 도움이 됐다. 이 문장을 보면서 딸이 나에게 어떤 부탁을 할 때 온전한 관심을 쏟고 더 많이 껴안아줘야 한다는 사실을 다시 떠올렸다.

다른 날에는 다른 문장으로 바꾼다.

나는 영향력 있고 카리스마 있는 사람이다.

정말이지…. 이 문장은 보는 것만으로도 그 순간에 도움이 된다. 내 태도는 즉시 변한다.

이런 리마인더를 사용할 때의 팁은 짧고 분명한 문장이어야 한다는 것이다. 가능한 한 문장 전체가 화면에 한 번에 보이면 좋다. 감동을 주는 문장을 찾으면 한동안 계속 사용하라. 가끔 나는 같은 문장 하나가 2주 동안 반복되도록 설정해놓는데, 그러면 궁극적으로 그 문장이 내 무의식 속으로 들어와서 더 이상 상기할 필요가 없게 된다. 그리고 나서 나는 리마인더를 새로운 문장으로 교체한다.

다른 경우에 하루에 문장 한 토막을 선택하고 '주간' 반복을 설정한다. 이렇게 하면 일주일 동안 7가지의 서로 다른 구절이 돌아가며 노출된다. 이 작은 팁이 얼마나 유용한지는 아무리 강조해도 부족하다.

11
포스트잇으로 리마인드하라

포스트잇. 앞에서도 언급했던 이 방식은 캘린더 리마인더의 아날로그 버전이다. 가장 좋아하는 커피 셀프 토크 문장 몇 줄을 포스트잇에 써서 잘 보이는 곳에 붙여두면 긍정적인 확언을 계속 상기하는 데 도움이 된다. 어떤 사람이 긍정적인 확언을 인쇄해서 코팅한 뒤 샤워실에 붙여놓았다는 글을 읽은 적도 있다.

여기에는 또 1가지 팁이 있다. 포스트잇을 4~5일에 한 번씩 옮겨붙이는 것이다. 그렇게 하지 않으면 포스트잇이 '보이지 않게' 되고 결국 그냥 지나치게 된다. 이런 일을 방지하기 위해서 포스트잇을 집 또는 사무실의 여러 곳으로 이동시키는 것은 물론, 포스트잇에 적힌 스크립트도 1~2주에 한 번씩 바꾸는 것이 좋다.

12

모바일 앱

커피 셀프 토크와 함께 사용하기에 완벽한 메모장 앱을 찾아보라. 여러분의 커피 셀프 토크 문장들을 앱에 추가해보라. 그리고 앱에 있는 다양한 메모 기능들을 활용해 당신의 문장들을 적어보자.

아침 루틴에도 사용할 수 있을 뿐 아니라, 그냥 흘려보냈던 시간을 채울 수 있는 멋진 방법이다. 상상해보자. 마트에서 줄을 서서 기다리다가 휴대전화를 꺼냈는데, 아래와 같은 문장이 나타난다.

감사함이 가득한 마음은 언제나 우주의 풍족함에 가까이 있다.
나는 내 아름다운 인생에 감사한다.

4장

나만을 위한 시간 만들기

모든 사람에게는 커피 셀프 토크를 할 시간이 있다. 커피를 마시는데 걸리는 시간이 딱 적당하다. 셀프 토크를 모닝커피와 연동할 때, 우리는 셀프 토크를 더 자주 하게 된다. 내가 감히 추측하건대 우리 모두 아침에 무언가를 먹거나 마신다. 최소한 물 한 잔은 마신다. 당신이 집을 나서면서 커피를 마시는 사람이라면 이제 변화를 줄 차례다. 당신은 그럴 자격이 있다.

멋진 기분을 느끼고 싶은가? 정신적 행복과 신체적 행복을 증진하고 싶은가? 건강 상태를 개선하고 새로운 친구나 파트너의 마음을 얻고 싶은가? 더 많은 기회를 얻고 싶은가? 회사에서 더 큰 성과를 거두고 싶은가? 더 좋은 부모가 되고 싶은가? 이 중 어떤 질문에라도 '예'라고 답했다면 시작하는 데 필요한 것은 단 5분뿐이다.

이렇게 말해도 여전히 시간이 없다고 말하는 사람들이 있다는 것을 알지만, 정말 간단하다. 나는 여러분을 위한 해답, 여러분이 커피 셀프 토크를 할 시간을 가질 방법을 알고 있다.

자, 비법을 들을 준비가 됐는가?

10분 일찍 일어나라.

그렇다, 이건 마법이다.

다소 냉소적으로 들릴지 모르겠지만, 사랑이 가득 담긴 말이다. 나는 모든 사람이 멋진 커피 셀프 토크를 하길 바란다. 과장하는 것이 아니라, 이렇게 되면 정말 세상이 더 나은 곳이 될 것이기 때문이다. 내적 대화를 개선하는 모든 개인은 세상에서 느껴지는 사랑과 평온함, 연민의 허리케인을 일으키는 나비 같은 신구자다. 모든 사람이 커피 셀프 토크를 하는 것이 나의 꿈이다. 나는 사람들이 스스로를 사랑하고, 의도를 가지고, 자기 자신을 믿으며 살길 바란다.

그러므로 필요하다면 조금 일찍 일어나야 한다. 다만 수면 시간을 줄이면 좋지 않기에 10분 일찍 잠자리에 들길 추천한다. 숙면은 건강에 매우 중요하다. 또한, 사람의 기분을 전환하고 행복과 인생에 대한 열정을 업그레이드시킬 수도 있다. 따라서 커피 셀프 토크를 위해 일정을 재조정하는 것 외에, 당신과 당신의 인생에 또 하나

의 호의를 베풀길 바란다. 밤에 잠을 푹 자라.

반복해서 말하지만, 우리 모두에게는 숙면을 위해 투자할 시간이 있다. 흥미로운 사실은 수면 시간을 단 몇 분 앞당기는 일이 생각보다 힘들다는 것이다. 나는 완벽하게 이해한다. 책을 읽다가, 읽던 장을 끝까지 다 읽고 싶었던 경우가 종종 있다. 딱 5분만 더.

비밀은 바로 여기에 있다. 이런 문제를 방지하려면 저녁 시간, 그러니까 잠들기 직전에 무엇을 하는지 살펴보고 변화를 줘야 한다. 저녁 시간에 하는 활동을 방해하지 않고도 여전히 제시간에 잠들 수 있도록 일정을 조정하자. 나는 내 일정과 저녁 루틴에서 수면을 방해할 온갖 핑계를 찾았다. 당신도 개선할 부분을 찾을 수 있을 것이다.

당신의 일과를 살펴보고 취침 시간 루틴을 정리하는 데 도움이 되는 방법이 무엇인지 찾아보자. 나는 내 휴대전화 캘린더 앱을 사용한다. 나는 내가 잠들고 싶은 시간을 앱에 입력한다. 8시간의 잠잘 시간을 충분히 확보하면 상쾌하게 기상할 수 있다. 그런 다음 취침 시간 20분 전 취침용 음악을 알람 소리로 선택한다. 알람이 울리면 하고 있던 일이 무엇이건 간에, 거의 예외 없이 멈춘 다음 이를 닦고, 세수하고, 침대로 들어간다. 이렇게 하면 잠들기 전에 그날의 긍정적인 확언을 다시 한번 살펴볼 시간이 몇 분 남는다.

이 방법이 단순해 보이는 것은 실제로 단순하기 때문이다! 하지만 실제로 취침 준비용 알람을 설정하는 사람이 얼마나 있을까? 이

건 너무 쉽다. 그리고 하던 일을 멈춰야 하는 시간이 잠자기 20~30분 전이라면 뭔가를 시청할 생각이 들지 않는다. 나는 책을 읽다가 장 중반에 내려놓는 것에도 익숙해졌다.

여행 중이거나 일정이 빡빡한 날에는 아침에 커피 셀프 토크를 할 시간과 8시간의 수면 시간을 둘 다 확보할 수 있도록 내가 원하는 취침 시간으로부터 거꾸로 시간을 조정한다.

사실, 우리에게는 커피 셀프 토크를 할 시간이 '없지 않다'. 적어도 우리를 기다리는 매력적인 인생을 살고 싶다면 말이다. 그뿐만 아니라, 평균적인 사람이 소셜 미디어에서 하루 2시간 이상을 소모한다는 사실로 미루어 보아 나는 대부분 사람에게 더 나은 삶을 만드는 데 투자할 10분이 있음을 안다.

단순한 선택의 문제다. 나는 확실히 커피 셀프 토크를 우선시한다. 나는 커피 셀프 토크가 있는 인생과 없는 인생을 모두 경험해봤다. 커피 셀프 토크가 있는 인생이 훨씬 낫다!

변화를 일으키려면 당신과 목표가 동일 선상에 있도록 설계된 긍정적인 습관과 루틴을 매일 반복해야 한다.
- 조 디스펜자 박사

5장

대안적 관점 기법APT 활용하기

커피 셀프 토크가 내 인생에 엄청나게 큰 도움을 주었던 2가지 방식이 있다. 나는 이 방식들을 대안적 관점 기법Alternative Perspective Techniques 또는 APT라고 부른다. 구체적으로 말하면, 커피 셀프 토크 는 하기 싫어했었던 것들을 하는 데 도움을 주었다. 이번 장에서는 하고 싶지 않은 일들을 더 나은 방향으로 재구성하는 데 커피 셀프 토크를 활용하는 방법을 설명하고자 한다.

APT 1
커피 셀프 토크로 생각 재구성하기

하고 싶지 않은 일을 좋아하게 되는 방법

커피 셀프 토크를 사용하는, 약간 엉큼하면서도 멋진 방법은 해야 하지만 별로 하고 싶지 않은 일에 대한 생각을 재구성하는 것이다. 이 방법은 내가 가장 즐겨 사용하는 셀프 토크 활용법이다. 사용하는 단어들이 기분과 모습을 결정하는 데 얼마나 강력한 영향을 미치는지 알게 된 뒤, 나는 하고 싶지 않은 일을 신나게 해보겠다는 의도로 단어를 바꾸는 실험을 했다.

나는 시작 전부터 매우 회의적이었고, 효과가 없으리라 생각했다. 정말 하기 싫었던 걸 하고 싶어지는지 어디 보자고. 나는 내가 볼 수 있는 가장 날카로운 의심의 눈으로 그 아이디어를 째려봤지만, 문득 아무려면 어때? 하는 생각이 들었다.

처음 시도해본 날은 공과금을 내는 날이었다. 나는 공과금을 내는 것을 별로 좋아하지 않았다. 하지만 이날은 생각을 바꿔 시도했다. 그냥 이렇게 말했다.

"나는 공과금 내는 걸 사랑해. 공과금을 낼 수 있어서 행복해."

이게 다였다.

맹세코 말하지만, 바로 변화가 일어났다. 걱정이 사라졌다. 단순히 단어를 바꾸고 재구성했을 뿐인데, 바로 그 순간 나는 공과금을 내면서 행복을 느꼈다. 와, 말도 안 돼, 너무 좋아서 현실이라고 믿

기 어려웠지만 나는 이 결과를 받아들였다.

내 마음은 공과금 내는 걸 사랑한다는 말을 듣고 나를 이 말과 똑같은 상태로 만들어주었다. 빌어먹을 마법이 일어났다. 그 일을 겪고 난 뒤, 이 속임수를 매번 사용한다. 이 방법이 너무 쉽게 작동하자 웃음을 터뜨리면서 "그래, 그런데 이게 다른 사람한테도 효과가 있을까? 아니면 그냥 내가 이상한 걸까?"라고 생각했던 순간이 기억난다.

몇 주 뒤에 그레첸 루빈Gretchen Rubin의 책《무조건 행복할 것The Happiness Project》을 읽다가, 그레첸도 똑같은 방법을 사용한다는 내용을 발견했다. 나는 앉아 있던 의자에서 떨어질 뻔했다! 반가워요, 동지!

첫 실험에 성공한 이후 나는 이 기법을 모든 것에 활용했다. 정말 모든 것에 활용했다. 하고 싶은 마음이 솟구치지 않는 어떤 일이 있으면 그냥 나에게 그 일이 너무 하고 싶다고 말했다. 정신을 활용하는 이 작은 팁은 최소한 그 일을 할 때 내가 느끼는 고통을 없애준다. 그리고 대부분의 경우에는 그 일을 할 날을 손꼽아 기다리게 되었다.

예를 들어, 장을 보는 등 뭔가 볼일이 있어 나가야 하는데, 하고 싶은 다른 일이 있을 때 나는 그냥 내 생각을 바꾼다. 이제 이렇게 말한다.

"나는 마트에 가는 걸 사랑해."

그리고 터덜터덜 걸어가는 대신 더 나아진 마음과 가벼운 발걸음으로 출발한다.

이탈리아에 있는 아파트를 청소할 때도 이 기법을 썼다. 특히 언제나 하기 싫었던 오븐 청소를 할 때 그랬다. 나는 "난 오븐 청소를 사랑해"라고 말하며 청소를 시작했다. 왜 오븐 청소를 좋아하는지 이유를 생각해내려는 시도조차 하지 않았다. 뇌는 내가 나에게 하는 말이라면 무엇이든 믿으며, "그래, 해볼까?"라고 대답한다.

이 속임수는 운동에도 큰 효과가 있다. 우리 어머니를 포함해, 운동을 싫어하는 수많은 사람 중 일부는 주기적으로 운동을 두 글자의 단어로 묘사한다. 바로 사랑이다! 운동을 시작할 때마다 "난 운동을 사랑해!"라고 말하면 운동을 즐기게 될 것이다. 믿기지 않겠지만, 정말 효과가 있다!

사람에게 느끼는 감정에도 효과가 있다. 친척 중에는 나랑 잘 맞지 않는 사람이 1명 있다. 나는 그 친척을 사랑한다고 나 자신에게 말하기 시작했다. 그러자 정말 거짓말처럼 에너지가 전환되며 마음속에서 그 친척에 대한 따뜻한 마음이 부풀어 올랐다. 어떻게 된 일인지 모르겠지만, 그 친척과 함께 있는 시간을 기대하게 되었다. 그리고 그 친척과 만나면 이전보다 훨씬 더 즐겁게 보낼 수 있었다.

내 생각에 그 친척도 무언가 달라진 기운을 감지했고, 이로 인해 나를 향한 그의 에너지도 변화된 것 같다. 마치 내 단어들이 자기 충족 예언이 된 것처럼 말이다.

바로 이것이 셀프 토크의 요점이다!

나는 일에도 이 APT를 활용한다. 해피 섹시 백만장자가 되는 것에 대한 블로그 포스팅을 쓰면서 유튜브 영상 제작도 고민했다. 불행히도 나는 영상 제작이 별로 즐겁지 않았다. 항상 영상을 제작하는 과정에서 스트레스를 받았다. 카메라 앞에서 말하기, 말해야 하는 내용 외우기, 입을 의상 찾기, 머리 손질하기, 실수하지 않기 등.

그래서 어느 날 내 새로운 APT 파워를 실험하면서 '나는 유튜브 영상 제작을 사랑해'라고 말했다. 이런 맙소사! 말도 안 되는 일이 또 한 번 일어났다. 게임오버. 체크메이트. 이제 나는 영상 제작을 정말로 사랑한다. 정말이다. 인위적으로 좋아하는 척하는 것이 아니다. 스스로에게 거짓말을 하는 것이 아니다. 나는 카메라 앞에 선다고 생각하면 정말 신이 난다. 이제 촬영을 더 편안하게 하고, 더 잘한다. 마치 내 뇌 안에서 스위치가 켜진 것 같다.

나는 지금도 이 기법의 단순함에 감탄한다. 어쩌면 내가 영향을 쉽게 받는 사람인지도 모르지만, 난 누구에게든 안 좋아하는 일을 반복적으로 좋아한다고 말한 뒤 그 일에 대한 태도가 조금이라도 바뀌는지 보라고 권한다. 만약 태도가 바뀐다면, 해볼 가치가 있는 도전이다. 이 기법은 집 청소나 빨래 개기 등 우리가 조금 싫어했던 일에 사용할 수 있다. 또는 공개적인 자리에서 발표하기, 세금 신고하기, 배우자의 가족 방문하기 등 여러분이 저어어엉말 싫어하는 일에도 활용할 수 있다!

재밌는 실험을 해보자. 음식 종류, 음악이나 영화 장르 등 지금 여러분이 좋아하지 않는 감각적인 영역에 대한 태도를 바꾸는 데 이 기법을 사용해라. 이 기법으로 가능해질 일들을 상상해보라!

이 멋진 전술은 직업적인 측면에서도 엄청나게 효과적이다. 가령 당신이 영업 부서에서 일하는데, 전화 영업을 좋아하지 않는다고 해보자. 스스로 '나는 전화 영업을 하는 게 세상에서 제일 좋아'라고 말하는 것만으로도 태도가 바뀌고 자신감이 높아진다. 이 모습은 영업에 유리하게 활용할 수 있다. 반복 업무에 적용했을 때를 생각해본다면 그 영향력은 판을 뒤집어엎을 수준일 것이다. 생각을 긍정적인 영역으로 더 자주 이동시킬수록 몸과 기분이 더 좋아지면서, 더 멋진 인생을 살 수 있다.

꽤 오랫동안 나는 대서양을 가로지르는 비행을 하거나 공항 검색대를 통과하는 등 내가 대체로 하고 싶지 않은 일을 해야 할 때마다 이 방법을 사용해왔다. 내가 이 방법을 적용하지 않는 일은 없다. 바닥 청소하기, 빨래 널기, 우체국 가기. 언제나 기적 같은 효과가 일어난다. 이제 나는 간 요리를 즐긴다는 목적을 달성하기 위해

이 방법을 시도하고 있다. 간에는 영양가가 많지만… 웩. 프로세스가 조금 느리게 진행되고 있지만 APT 덕분에 이제 나는 간을 아직 즐기는 수준까지는 아니더라도 최소한 먹을 수는 있게 되었다.

여러분도 시도해보자. 이번 주에 해야 하지만 하고 싶지 않은 일을 떠올려보자. 그냥 소리내어 "나는 ○○○하는 걸 사랑해"라고 말해보라. 그리고 이런 말이 당신이 그 일에 대해 느끼는 감정에 즉각적인 변화를 일으키는지 살펴보라. 만약 변화가 없다면, 또는 효과가 미미하다면 5~10번씩 계속 반복해서 말해보라. 그리고 나서 할 일 목록에 있는 일 또는 목전에 닥친 프로젝트에서 느껴지는 즉각적인 설렘을 즐겨보라.

APT는 일종의 셀프 토크다. 따라서 커피 셀프 토크를 할 때도 이 기법을 활용할 수 있다. APT 문장들을 커피 셀프 토크에 추가하면 긍정적인 생각을 매일 반복하게 되어 더 빠르게 영구적인 변화를 만들 수 있다.

예를 들어, 공과금 납부는 매월 반복되는 일이다. 만약 매월 공과금을 내야 할 시기가 돌아올 때마다 걱정이 앞선다면 커피 셀프 토크에 "나는 공과금 내는 걸 사랑해" 같은 문장을 1~2줄 추가하라. 이 문장을 2~3주 동안 매일 말하면 공과금에 대한 부정적인 감정이 사라질 것이다. 생각을 다시 프로그래밍하는 것이다.

거의 모든 일은 다른 관점에서 볼 수 있다. 이 세상 모든 사람이

공과금 내는 날을 싫어하는 것은 아니다. 이 일을 아무런 감정 없이 하는 사람도 많다. 실제로 어떤 사람은 목록에서 공과금을 하나씩 지워나가는 과정을 즐기기도 한다. 이 사례들은 우리가 좋아하지 않는 어떤 일을 좋아하게 될 수 있다는 사실을 증명하는 데이터다.

어쩌면 사람들이 놓치고 있는 부분은 좋고 싫은 감정이 실제로는 우리의 선택이라는 사실일지도 모른다. 나는 공과금 납부를 좋아하겠다고 결정했다. 그리고 우리는 모두 이같이 원하는 것을 선택할 힘을 가지고 있다.

자, 우리가 싫어하는 것은 그 활동 자체가 아니라 그 일을 바라보는 관점이다. 우리가 어떤 일에 대해 생각하는 방식이 변화를 만든다. 그 일이 우리에게 지니는 의미를 바꿀 수 있다. 셀프 토크 단어 몇 가지로 어떤 일의 의미를 완전히 바꿀 수 있다. 이것은 활동일 수도 있고, 사람일 수도 있고, 세상에 대한 믿음일 수도 있다. 무엇보다, 당신에 대한 당신의 믿음을 바꿀 수도 있다. 우리는 이렇게 강력한 힘이 있다!

APT 2
판을 뒤집어엎는 '할 수 있다'

여러분이 '해야만' 하는 것, 또는 해야 하지만 항상 하고 싶지는 않은 것을 재구성하는 또 하나의 방법은 그 일에 대한 셀프 토크를 다른 문장으로 바꿔서 말하는 것이다. 간단하게 '해야만 한다'를 '할 수 있다'로 바꾼 다음 편안하게 뒤로 기대어 앉아서 마법을 느껴보라. 다음은 내가 제일 좋아하는 예시다.

난 이제 운동을 **해야만 해** 대신,
'난 이제 운동을 **할 수 있어**'라고 말한다.

짜잔! 와! 차이가 보이는가?

나는 '할 필요가 있는' 또는 '해야만 하는' 무언가를 '할 수 있는' 특권으로 바꿨다. 마치 난 정말 운이 좋은걸? 운동을 할 수 있잖아!

좋았어! 같은 느낌이다. 하고 싶지 않은 일을 특권으로 바꾸면 감사의 마음이 밀려오고, 그 일을 하면서 더 행복한 감정을 느낄 수 있다.

아주 조금의 변화가 의미를 완전히 바꾼다. 위 문장은 풀어서 설명하지는 않았지만, 모두가 운동을 할 수 있는 것은 아니라는 사실을 시사한다. 예를 들어, 동시에 3가지 일을 병행하고 있거나 신체적 장애가 있는 사람의 경우 운동을 하기 힘들다. 또한, 몸이 아픈 경우처럼 '운동을 할 수' 없을 때가 가끔 있다. 지금 내가 신체적으로 전력을 다해서 몸 상태를 개선하는 일을 가로막는 것이 아무것도 없다는 사실만으로 충분히 행복을 느낄 수 있다. 이건 정말 특권이 맞다.

명상을 좋아하지 않는 사람이라면, '오늘 명상을 할 수 있어'라고 말해보길 추천한다. 아이가 된 것 같은 기분도 조금 느낄 수 있다. 앗싸 신난다! 소리치면서 말이다.

단어와 문장이 지닌 힘이 얼마나 강력한지 보이는가? 나는 이 유용한 팁을 항시 사용한다. 솔직히 매일 사용한다. 시간이 지날수록 감정은 정말로 변화해 예전에 별로 좋아하지 않았던 것에 설렘을 느낀다.

우리는 손쉽게 이런 '할 수 있다' 구절들을 아침의 커피 셀프 토크에 추가할 수 있다. 이런 구절은 인생에 좋은 습관을 더하는 데 특히 유용하다. 예를 들어 방금 이야기했었던 운동에 대한 예시가

당신의 상황에 적합하다면, 커피 셀프 토크에 아래와 같은 문장을 추가할 수 있다.

나는 오늘 운동을 할 수 있다!
야호! 나는 정말 운이 좋은 사람이야.

더 나아가 문장에 구체적인 내용을 더해서 감사의 마음을 증폭시킬 수 있다.

나는 오늘 운동을 **할 수 있어!** 야호! 나는 운동할 시간과 에너지가 있는, 축복받은 사람이야. 나는 러닝머신에서 걸을 다리와 아령을 들어 올릴 팔을 가진 행운아야. 건강과 몸을 최우선으로 여기는 내 모습을 사랑해. 오늘 나는 굉장한 운동을 할 거고, 이렇게 운동 **할 수 있어서** 정말 기뻐.

6장

부정적인 요소를 없애는 방법

나는 커피 셀프 토크 외에도 온종일 건강한 사고방식을 유지하기 위해 하는 일이 몇 가지 더 있다. 인생에 있는 모든 부정적인 요소를 제거하거나 분산시켜서 우리에게 계속 빛이 뿜어져 나오는 데 도움을 줄 팁들을 소개한다.

1
자극적인 뉴스 끄기

나는 뉴스를 주기적으로 시청하지 않는다. 사실상 거의 안 본다고 할 수 있다. 그렇지만 정보에 뒤처진 바보가 된 기분을 느끼지도 않는다. 요즘 대부분의 온라인 뉴스는 불필요하거나, 중요하지 않거

나, 엉뚱하거나, 편향된 의견을 제시하거나, 순전한 추측인 경우가 많다(전문가 팁: 물음표로 끝나는 헤드라인은 모두 무시하라). 심지어 일부 뉴스는 사실도 아니며(안녕, 페이스북!), 사실인 뉴스 대부분은 험담이거나, 선정적이거나 공포감을 조성하는 방식으로 사람들의 클릭을 유인한다. 무엇이 진실인지 헷갈릴 때가 많다.

그래도 나는 정말 중요한 일은 놓치지 않는 편이다. 중요한 헤드라인은 내 필터를 통과한다. 그리고 내 관심사와 관련된 틈새시장 이슈들은 신뢰하는 큐레이터(친구들, 트위터 등)를 통해서 나에게 도달한다. 매우 중요해서 내가 알아야 하는 것이 있으면 더 자세히 들여다본다. 어쨌든 세상과 담을 쌓고 사는 건 아니다.

아무튼, 여기에서 말하고 싶은 건 뉴스를 끄자 정신이 또렷해졌고, 사고방식과 창의력이 개선되었으며, 평온함과 행복감이 하늘 높이 치솟았다는 것이다. 그동안 니를 매일 방해하던 것들로부터 해방되었다!

2
소셜 미디어를 제한하라

나는 뉴스와 마찬가지로 내 소셜 미디어에도 엄격한 헛소리 방지 접근법을 적용한다. 한때 나는 소셜 미디어에 너무 많은 시간을 허비했다. 이런 플랫폼들이 나를 도파민을 계속 분비하는 상태로 만든 후 중독된 소비(테크놀로지업계 용어를 사용하자면 '게임화 Gamification')로 조종한다는 사실을 깨닫고, 전면적인 변화를 도입했다.

우선, 트위터에 올라오는 뒷담화가 싫었기 때문에 긍정적인 내용보다 부정적인 게시물을 더 많이 올리는 모든 사람과의 팔로우 관계를 즉시 끊었다. 친구인지 아닌지는 상관없었다. 부정적이거나 옹졸한 사람들이 내 의식을 인질로 잡아두게 내버려두지 않을 것이다. 모든 사람이 자신의 피드를 이렇게 무자비하게 추려냈다면 어떨지 상상해보라. 트위터는 금세 훨씬 더 다정한 공간이 될 것이다.

인스타그램은 고통의 또 다른 지속적인 공급원이었다. 개인적인 문제로 인해 내가 '남과 비교하는 병'에 너무 자주 걸린다는 사실을 깨달았고, 이런 상태는 내가 고조된 기분을 유지하는 데 별로 도움

이 되지 않았다. 내가 팔로우하는, 영감을 주는 듯해 보였던 계정마저 그 당시의 나에게는 무언가가 부족하다는 기분을 느끼게 했다. 심지어 그 사람들은 부정적인 게시물을 올리는 것도 아니었다. 문제는 나 자신의 결핍된 사고방식에서 비롯됐다. 슬프게도, 이런 현상은 오늘날 인스타그램을 사용하는 많은 사람에게 흔히 나타난다 (심지어 청소년에게도 해당하는데, 이 경우는 더 끔찍하다). 자존감이 낮을 때, 다른 사람들이 최고의 모습만 찍어 올리는 인스타그램에 들어가면 독성 물질이 가득 담긴 무서운 냄비를 끓어오르게 할 수 있다.

하지만 이 문제를 해결할 방법은 있다. 소셜 미디어는 잘못 사용하면 해롭지만, 올바르게 사용하면 매우 효과적이다. 다음은 내가 소셜 미디어를 내 웰빙에 도움이 되도록 사용했던 매우 효과적인 방법이다.

한동안 나는 소셜 미디어를 완전히 멀리했다. 딱 끊어버렸다. 휴대전화에 있는 소셜 미디어 앱들을 삭제했다. 마치 쇼핑 중독자들이 충동구매를 막기 위해 신용카드를 냉동실에 있는 얼음덩어리 속에 얼리듯이, 카드를 잘라버리듯이 이 방법을 선택했다.

게시물을 확인하거나 올리려면, 앱을 재설치하고 비밀번호를 찾아서 로그인하는 과정을 거쳐야 했다. 가끔은 정말 이 과정을 거쳤다. 하지만 이때 수반되는 성가신 노력을 감수할 가치가 있을 만큼

중요한 상황일 때만 그랬다. 그러고 나서 앱들을 다시 지웠다. 약간 이상하게 들린다는 것을 안다. 하지만 이 방법은 '좋아요', '공유', '팔로워'에 중독된 나를 구제했다. 엄청난 성공이었다. 내가 숨을 쉬고 자기계발할 수 있게 해줬다.

그동안 커피 셀프 토크는 매우 핵심적인 역할을 했다. 셀프 토크는 자존감을 높여주었고, 내가 나를 사랑하기 위해 들인 노력은 내가 자격이 있고 온전한 사람이라는 기분을 느끼게 했다. 강하고, 다정하고, 당당한 사람으로 새롭게 태어나면서 예전의 나에게는 위험했던 소셜 미디어에 더 나은 사고방식으로 접근할 수 있게 되었다.

소셜 미디어에 되돌아가는 것이 편안하게 느껴지자, 나는 무자비한 숙청을 감행했다. 어떤 플랫폼이건 나에게 부정적인 감정을 1그램이라도 주는 사람과는 팔로우 관계를 끊었다. 부적절한 농담이나 누군가에 대한 못된 말을 하는 사람들이었다. 그래서 소셜 미디어 황무지에 고립되어 혼자가 된 것 같은 느낌을 받았냐고? 전혀 아니다. 대신 나를 웃게 만들거나 대체로 긍정적인 말을 하는 사람들을 팔로우하기 시작했다. 자기계발 선구자들, 동물과 자연을 담은 아름다운 사진을 게시하는 사람들, 웃긴 사람들을 팔로우했다. 그런 사람들은 엄청나게 많다.

나는 새로 찾은 긍정적인 친구들만 남겨둔 이후에도 규칙을 세워서 소셜 미디어에서 소비하는 시간을 엄격하게 제한하고 있다.

소셜 미디어에서 소비하는 시간 대부분이 비생산적이라는 사실은 부정할 수가 없다. 소셜 미디어는 정신을 마비시키곤 하는데, 이렇게 정신이 마비된 삶은 매력적인 삶이 아니다.

3
소비하기보다 창조하고 싶다!

나는 소셜 미디어에 하루 약 5분 정도밖에 접속하지 않고, 격일로 한 번씩만 들어갈 때도 많다. 휴대전화에 5분 타이머를 설정한다! 그리고 가끔은 잠깐 들르는 것조차 일주일 또는 그 이상의 시간이 흐른 다음에 할 때도 있다.

소셜 미디어를 사용하지 않으면서 생겨난 모든 시간을 나 자신과 인생을 개선하는 데 사용한다. 걷고, 읽고, 쓰고, 딸과 놀고, 명상하고, 공상에 잠기고, 일어나서 돌아다니고, 춤을 추고, 휴식을 취한다. 이 모든 시간이 소셜 미디어의 쓰레기 더미에서 되찾아온 시간이므로 단 1분도 낭비된 것이 아니라는 사실을 안다.

가장 좋은 방법은, 인스타그램이나 트위터에 로그인할 때마다

스스로에게 지금 소셜 미디어에 접속하는 것이 기분을 좋게 만드냐고 묻는 것이다. 그렇지 않다면 당장 그 상황에서 벗어난다. 기억하라, 소셜 미디어는 멋진 하인이 될 수 있지만, 사악한 주인이 될 수도 있다. 소셜 미디어를 어떻게 사용할지는 여러분에게 달려 있다. (나는 페이스북은 거의 사용하지 않는다!)

내 인생에 침투하는 부정적인 것을 최소화하려고 의도적으로 노력함으로써 내 영혼은 더 밝게 빛난다. 나는 부정적인 것이 내 뇌에서 발화하고 강화하는 것을 원하지 않는데, 이 목적을 달성하는 가장 똑똑하고 쉬운 방법 중 1가지는 주의를 기울여 뉴스와 소셜 미디어를 제한하는 것이다.

이런 변화들은 내 행복한 삶에 큰 도움을 줬다. 긍정적이고 희망찬 기분을 끌어올릴 기회가 많을수록 기분이 더 좋아지고, 내가 설계하고 있는 운명을 더 빨리 끌어당길 수 있다! 나는 매일매일 그 운명에 더 가까워지고 있을 뿐 아니라, 동시에 이 여정을 매우 즐기고 있다. 이 여정의 그 어떤 것도 바꾸고 싶지 않다.

4
부정적인 사람들 & 상황 주위에서 성공하기

커피 셀프 토크 인생을 살면 자신을 바꿀 수 있지만, 주변에 있는 모두를 바꿀 수는 없다. 물론 우리는 커피 셀프 토크로 사람들과 더 잘 지낼 수 있지만, 솔직히 모두 알다시피, 세상에는 여전히 테레사 수녀만큼 영웅적인 참을성이 있어야 감당할 수 있는 상황과 사람도 있다. 음, 나는 여러분이 이런 사람과 상황에 더 쉽게 대처하는 데 도움이 될 규칙과 훈련을 알고 있다.

터놓고 말해서, 우리는 멋진 단어와 감정으로부터 느껴지는 열정에 공감하지 못하는 사람들을 마주하게 될 것이다. 이런 사람들과 함께하는 시간을 어느 정도 조절할 수는 있다. 셀프 토크에 대해 잘 아는 사람들은 주변을 다른 긍정적인 셀프 토커들로 둘러싸는 것이 얼마나 중요한지 안다. 이는 우리의 에너지와 인생 경험을 업그레이드시키고, 기분을 좋게 만든다. 우리는 서로를 성장시킨다.

시간이 지날수록 부정적인 사람(설령 이 사람이 당신에게 소중한 사람이더라도)과 더 이상 어울릴 수 없다는 사실을 깨달을 것이다. 그런 사람들과 내는 소리는 불협화음이다. 바라보는 관점이 서

로 다르다.

이는 우리가 시간을 어디에서 보낼지 더 잘 선택해야 한다는 뜻이기도 하다. 기억하라, 더 나은 선택을 했을 때 더 나은 삶을 살 수 있다. 함께 시간을 보낼 사람을 신중하게 선택하는 것은 우리가 형성할 수 있는 가장 중요한 습관 중 하나다. 자기 자신에게 하는 말을 모니터하듯이 부정적인 프로그래밍을 공급하는 외부 원인으로부터 우리의 생각을 지켜야 한다.

아무리 최선을 다해도 불만투성이인 사람들 곁에 머무는 순간을 완전히 배제할 수는 없다. 예를 들어, 가족이 있다. 부정적인 가족 구성원을 만나는 시간을 줄일 수는 있지만, 완전히 피하는 것은 불가능할 수 있다. 게다가 우리는 그들을 사랑하므로 완전한 관계의 단절을 바라지는 않는다. 다행히도 그런 상황에 사용할 수 있는 영리한 팁이 있다!

무언가에 대해 불평하거나 짜증을 내는 사람들 주변에 있을 때 나는 '만약에 ○○○한다면 멋지지 않을까'라는 대답과 함께 대화의 분위기를 완전히 전환한다. 예를 들어, 자동차에 같이 탄 누군가가 길이 막혀 불평한다면 나는 '우리 자동차가 높이 떠서 다른 자동차 위로 날아갈 수 있다면 띠~용하지 않을까?' 하고 '띠~용'처럼 재밌는 단어를 추가하고 날아다니는 자동차같이 우스꽝스러운 시나리오를 활용해서 나 자신뿐 아니라 다른 사람들을 위해 분위기를 밝힌다.

재밌는 단어와 우스꽝스러운 시나리오가 적절하지 않은 상황도 있다. 예를 들어서 어떤 사람이 자기 상사에 대해 불평하거나 분통을 터뜨리고 있다면, 우선 나는 좋은 경청자가 되어서 적극적으로 상대방의 말을 듣는다. 상대방의 기분이나 경험을 깎아내리거나 일축하지 않는다. 그런 다음 분위기를 전환하고, 상대방이 그 순간에 더 나은 생각을 떠올릴 수 있게 한다. 예를 들어, "네가 ○○○을 하는 회사의 사장이라면 정말 멋지지 않을까?" 또는 "네 상사가 완전 여유가 넘치는 사람이라서 네가 일을 잘 할 때마다 하이파이브를 하자고 하면 정말 기막히게 멋지지 않을까?" 등이 있다. 상황을 세심하게 살피고 적절히 반응하는 것은 맞지만, 그렇다고 해서 상대방의 부정적인 기운에 빠져 함께 괴로워하며 앉아 있어야 한다는 뜻은 아니다.

나는 내 생각에도 이렇게 대처한다. 인생의 모든 일이 장밋빛으로 빛나지는 않지만, 내 생각과 단어의 힘으로 삶을 최대한 장밋빛으로 만들 것이다. 예를 들어, 최근에 우리 가족은 이탈리아의 레체라는 도시에 머물렀다. 우리는 이 동네가 오래 살만한 곳인지 살펴보기 위해 1달 동안 머물 아파트를 빌렸다. 아래층에 있는 어떤 집의 보수공사에 사용한 도료 희석제가 엄청나게 지독한 냄새를 풍겼기 때문에, 계단을 내려가는 동안 독성 공기를 마시지 않으려고

숨을 참아야 했다.

나는 건강 관리에 열정적이고, 도료 희석제가 뇌나 폐에 전혀 도움이 되지 않는다는 사실을 안다. 하지만 그런 생각을 하면서 계단을 내려가는 것은 더 큰 스트레스와 나쁜 기운을 가져오고, 스트레스(그리고 도료 희석제까지 해서 이중고였다!)로 인해 건강에 또 다른 부정적인 영향을 미친다. 이 스트레스는 내가 발현하고 싶어 하는 자아를 나에게서 멀어지게 한다.

개선할 수 있는 상황에 놓여 있을 때 나는 부정적인 생각 대신 다음 문장과 같이 더 기분 좋은 생각으로 대응한다.

"건물 계단에서 싱그러운 장미꽃 향이 나면 정말 멋지지 않을까?"

경험의 틀을 재구성하는 방법도 있다. 예를 들어, 내 남편은 계단을 차분히 내려가면서 숨을 참고, 자신이 해로운 가스를 들이마시지 않기 위해 오랜 시간 숨을 참는 능력이 있는 제임스 본드라고 상상했다. 인생은 결국 게임이지 않은가? 게임을 할 때는 두려움에 벌벌 떠는 닭보다 제임스 본드가 되는 편이 낫다.

이 방법은 경험을 완전히 밝게 만들고, 이렇게 하면 기분도 좋아진다. 체크메이트!

5

'마법 같은', 즉시 기분 좋아지기 프로그램

우리는 가끔 이상에 못 미치는 상황에 놓일 수밖에 없지만, 그 모든 순간을 조금 더 낫게 만들 수 있다. 더 나은 인생을 위해 긍정적인 생각을 활용하는 또 하나의 팁은 그 상황에서 즉시 좋은 점을 찾는 것이다. 한번 이 방법을 익히면 정말 쉽다. 나는 내 생각이 기본적으로 이렇게 작동하도록 프로그래밍시켰다.

예를 들어, 어떤 건물에 낙서가 되어 있어서 지저분해 보인다면 나는 그 모습에서 좋아할 만한 것이 있는지 살펴본다. 건물의 창문이나 문이 될 수도 있고, 건물에 태양이 반사되는 모습일 수도 있다. 심지어 낙서 자체가 마음에 들 수도 있다. 나는 구석기시대 벽화가 그려진 라스코동굴, 그리고 창작을 하며 세상에 자신의 흔적을 남기려 한 고대 인간의 원동력을 떠올린다. 효과가 있는 것이라면 무엇이든 좋다. 긍정적인 생각이라면 전부 효과가 있을 것이고, 뇌는 당신을 믿고 (뇌는 이렇게 작동한다) 기분을 즉시 더 좋아지게 할 것이다.

또 다른 예시를 살펴보자. 추운 날 장을 보러 걸어가는 동안 손이 꽁꽁 얼어붙는다면 짜증을 내는 대신 곧바로 이따금 추위를 경험하는 것은 내 장수 유전자가 발현되도록 자극한다는 사실을 스스로 상기한다. 나는 오래오래 살 것이므로 이건 아주 멋진 일이다! 야호! 고마워, 추운 날씨야!

6
솟아날 구멍 찾기

이것도 결국 마찬가지로 선택의 문제다. 이상에 못 미치는 상태에서도 기분 좋은 감정을 느끼는 편을 선택하는 것은 상황을 우아하게 넘기는 방법이다. 우리가 가진 선택의 힘은 회복력의 진정한 근원이다. 물론 살면서 어떤 상황이나 사건으로 인해 가끔 넘어지거나 비틀거리는 것은 정상이지만, 그렇게 된 후에 하는 행동이 중요하다. 평정심과 행복을 되찾기까지 시간이 얼마나 걸리는가? 사고방식을 바꾸고, 주도권을 잡고 자신의 노래를 다시 크게 부를 수 있을 때까지 얼마나 오래 걸리는가?

사실 방법은 쉽다. 그 상황을 가능한 범위에서 가장 긍정적인 관점으로 바라볼 방법이 무엇인지만 찾으면 된다. 솟아날 구멍은 언제나 있고, 셀프 토크는 우리가 그 구멍을 즉시 찾아낼 수 있도록 생각을 다시 프로그래밍한다. 우리는 주위 상황과 상관없이 기본적으로 행복하고 발전적인 기분을 느끼게 된다. 이 상태는 궁극의 자유이고, 이렇게 인생의 어떤 것에도 두려움을 느끼지 않는 상태에 도달하면 정말 끝내주게 좋은 기분을 느낄 수 있다.

7
감사 게임

감사함을 느끼는 것은 다양한 실험을 거쳐 유효성이 증명된, 행복감을 높이는 방법이다. 어떤 순간에, 어떤 대상에 감사함을 표현하는 것은 언제나 찡그린 얼굴을 거꾸로 뒤집어서 웃는 얼굴로 바꾸는 좋은 방법이다. 감사의 마음은 사랑과 온전한 기분을 선사하고 생각을 긍정적으로 즉시 변화시키는 쉬운 방법으로, 우리가 다시 꿈의 인생을 끌어당길 수 있게 해줄 것이다.

나는 언제나 나를 행복하게 만들 생각을 찾아낼 수 있다. 예를 들어, 비 내리는 날 바깥에서 기다려야 한다면 내 우산이나 외투(내가 이걸 다 들고 외출했다는 전제 아래. 하하)에 감사함을 느낀다. 아니면 그냥 이렇게 말한다.

"식물과 풀이 자라는 데 도움을 주는 비에 감사해."

어떤 것을 빠르고 간단한 방식으로 감사함과 연관 지으면 부정적인 생각의 고리를 끊고 행복한 생각의 고리를 생성할 수 있다. 여기에서의 핵심은 내용을 간단하게 하는 것이다. 그렇게 해야 우리에게 울림을 주고 우리 중심부에 더 빨리 닿을 수 있다.

또 다른 예시를 살펴보자. 만약 재정 상태에 불안감을 느낀다면, 즉시 생각을 전환해서 우리의 아들/딸/배우자/기타 등등의 건강함이 얼마나 감사한 일인지 생각하라. 나는 내 세상에서 무슨 일이 일어나도 내가 건강하기만 하면 다 별일 아니라는 사실을 알기 때문에, 건강은 내가 주기적으로 활용하는 기본적인 감사의 근원이다. 설령 몸이 아프더라도 아픈 것에 집중하기보다, "더 아프지 않아서 다행이야" 또는 "침대에서 쉬는 이 시간을 좋아하는 프로그램을 시청하면서 유익하게 활용할 거야"라고 생각하라(전문가 팁: 코미디 프로그램과 웃음은 건강과 치유력을 증진한다).

이 게임을 정말 잘하고 싶다면, 일주일 중 하루를 고르고 온종일 (집중력이 필요한 여러 가지 일과 사이 사이에) 얼마나 많은 것들에 대해 감사할 수 있는지 확인해보라. 감사의 대상은 우리 이를 닦아준 칫솔, 빛나는 태양, 편안한 침대, 맛있는 커피에 감사하는 것만큼 작은 것일 수도 있다. 아니면 집, 가족, 직업, 혹은 인생의 주도권을 쥐고 직접 설계한 대로 살아가는 당신의 멋진 인내심처럼 큰 것이 될 수도 있다. 이 연습을 하면 우리는 태어나서 가장 행복한 하루를 보낼 수 있을 뿐 아니라, 뇌 안에서 감사함을 발화하고 강화할 수 있다. 이 방법을 통해 우리는 모든 대상에 기본적으로 감사함을 느끼는 사람이 될 수 있다.

나는 커피 셀프 토크에 감사함을 느끼는 대상에 대한 문장 몇 줄을 추가해서 감사함을 데일리 루틴의 일부로 만들었다.

새로운 자기 인식은 더 나은 인생을 만든다.
오늘 당장. 무슨 일이 있어도!

커피 셀프 토크를 통해 내가 온종일 하는 생각, 말하는 단어, 다른 사람에게 듣는 말을 크게 의식하게 되었다. 나는 긍정적인 생각을 맹렬하게 지켰을 때 나의 해피 섹시 백만장자 인생을 훨씬 빠르게 끌어당길 수 있음을 깨달았다.

그래서 완전히 기초적인 예를 들자면 나는 다음과 같은 구절을 절대 사용하지 않는다.

나는 OOO하는 걸 기다리기가 힘들어.
또는
나는 OOO을 기다리기가 힘들어.

응? 이게 나쁜 말이냐고? 그렇다. 나는 사용하는 모든 단어와 구절을 주기적으로 신중히 선택했고, 위 구절이 마음에 들지 않았다. 이 구절에 약간의 '제한적'인 뉘앙스가 느껴졌기 때문에 스스로 이 말을 하지 않도록 훈련했다. 대신 "나는 ○○○을 하는 게 너무 기대돼"와 같이 조금 더 매력적인 말을 한다.

좀 과한 것 같다고? 그렇지 않다. 나는 임무를 수행하고 있고, 모든 단어, 모든 생각을 바탕으로 성공할 준비를 하고 있다. 이제 모

든 생각과 단어에 얼마나 강력한 힘이 들어 있는지 알기 때문이다. 만약 어떤 생각이나 단어가 나를 빙빙 돌아가는 거대한 디스코 볼처럼 빛나게 하지 않는다면 다른 말로 바꾼다.

처음에 친구들과 가족들은 내가 이상하다고 생각했다. 하지만 재밌는 일이 일어났다. 내가 단어들을 신중하게 고르고 열정을 실어 사용하자 친구들과 가족들도 자기가 선택한 단어를 의심해보고 변화를 주기 시작했다. 그들의 마음속에 씨앗이 심어졌다.

언젠가 모든 생각이 일종의 확언이라는 사실을 깨닫고 난 뒤로 자연스럽게 생각하는 방식에 변화를 주었다. 항상. 어떤 단어도 절대 가볍게 여기지 않는다.

그러자 내가 별생각 없이 불평 또는 부정적인 생각으로부터 나 자신을 지키지 않은 탓에, 그 생각이 빙글빙글 내려가 내 인생의 특정한 순간에 먹구름을 드리웠던 적이 정말 많았다는 사실을 알았다. 이런 순간은 뉴스나 소셜 미디어, 지인, 또는 어떤 낯선 사람에게서 흘러나온 약간의 부정적인 기운만으로도 일어날 수 있다. 그 부정적인 힘이 나에 대한 직접적인 것이 아니어도 그렇다. 우리가 떠올리는 모든 부정적이거나 비판적인 생각은 우리 내면에 부정적인 감정과 불편함을 가져다 놓는다. 뭐, 이제 내가 지키고 있는 한 그런 일은 일어나지 않을 것이다. 더 이상 그렇게 내버려둘 수 없다. 출처와 상관없이 모든 부정적인 에너지는 해피 섹시 백만장자

인생을 끌어당기지 않는다. 그래서 이제 나는 똑똑하고 당당하게 다른 길을 선택한다. 만약 매력적이지 않은 생각이 떠오르면 나는 병균을 피하듯 재빨리 몸을 숙여서 옆으로 도망친다. 나는 내가 손을 뻗기만을 기다리고 있는, 내 달콤한 셀프 토크 속으로 들어간다. 반사적으로 그렇게 하도록 훈련했기 때문이다.

당신도 그렇게 할 수 있다. 머리채나 넥타이에 잡혀 이리저리 끌려다니지 않는 인생을 상상해보라. 더 이상 두려움 때문에 마음이 발밑으로 곤두박질치지 않는 삶을 마음속에 그려보라. 주변에서 무슨 일이 일어나든 신경 쓰지 않고 행복하게 사는 삶을 상상해보라. 저 멀리 높은 곳에서 성공하기 위해 데일리 커피 셀프 토크를 하고 추가 점수를 얻는 전략을 사용하라. 매력적인 인생으로 변화하는 모습을 지켜보라.

자, 자, 설명은 이걸로 충분하다. 이제부터 내가 알려주겠다고 약속했던, 인생을 바꾸는 커피 셀프 토크 스크립트를 살펴보자.

3부

부와 행운을
끌어당기는
커피 셀프 토크 실천

여러분이 환상적인 최고의 인생을 향한 첫걸음을 뗄 수 있게 해줄 9가지의 커피 셀프 토크 스크립트를 소개한다. 여러분이 인생의 어떤 하나의 영역에 대한 태도를 개선하면 그 변화는 저절로 다른 영역에도 스며든다.

예를 들어 여러분이 시작 단계로 부와 성공에 대한 스크립트를 써서 몇 주 동안 이 셀프 토크를 계속했다면, 여러분은 인생의 모든 영역에서 기분이 좋아지는 것을 느낄 수 있을 것이다. 셀프 토크는 여러분의 자존감을 높여주는데, 높아진 자존감은 인생의 어떤 측면이 아니라 여러분 전체에 영향을 미친다. 따라서 스크립트 하나에 집중하고 그 스크립트가 모든 방면에서 여러분의 웰빙을 증진하고 있다는 사실을 인지한 채 한동안 그 1가지 스크립트로 셀프 토크를 해도 좋다.

그건 그렇다 치고, 당연히 여러분은 원하는 대로 스크립트를 완전히 자유롭게 만들 수 있다. 나는 모든 것을 뒤죽박죽 섞어서 사

용한다! 따라서 3부에 수록된 스크립트의 내용 중에서 여러분에게 가장 큰 울림을 주는 문장을 전부 골라내어 여러분이 원하는 대로 합치고, 스스로 작성한 문장 몇 줄을 추가할 수도 있을 것이다.

　여러분의 스크립트는 시간이 지나면서 진화할 것이므로, 처음 시작할 때부터 완벽하게 해야 한다고 걱정하지 말아라. 가장 중요한 것은 '자기 자신을 사랑하는 마음을 지키는 것'이다. 여기서부터 모든 마법이 진짜로 시작되기 때문이다. 스크립트에 자기애에 도움이 되는 문장이 몇 줄이라도 있다면 여러분은 잘못된 길로 빠지지 않을 것이다.

자, 이제부터 커피 셀프 토크를 즐겨라!

1장

스크립트 : 행복한 인생 만들기

마법 같은 인생이란 어떤 삶일까? 발전적이고, 축복이 가득하고, 가는 곳마다 멋진 우연이 일어나는 삶이다. 짜릿한 즐거움과 호기심, 활기찬 기분을 느끼며 잠에서 깨어나는 삶이다. 마법 같은 인생은 여러분이 눈을 돌리는 모든 곳에서 더 많은 감촉과 눈부신 색을 의식하게 하면서 거의 매 순간을 놀라움과 감탄 속에 살게 할 것이다. 여러분은 자연과 여러분이 느끼는 행복의 크기에 놀랄 것이다.

마법 같은 인생은 사고방식이고, 이 스크립트는 여러분이 그 사고방식으로 들어갈 수 있도록 도와줄 것이다. 그리고 이 스크립트를 읽으면서 진정한 사랑, 경외, 기쁨을 느낌으로써 이 재미있고 창의적인 스크립트를 다음 단계로 올려놓는다면 여러분의 인생과 미래에 더 큰 광채를 끌어당길 수 있다. 모두가 이 마법의 근원에 다가설 수 있는데, 그렇게 됐다면 조심하라, 인생이 정말 재미있어지기 때문이다.

메모 :

여러분이 일찍 일어나는 사람일 경우, 이 스크립트를 해가 뜨는 시간에 읽으면 강력한 효과를 볼 수 있을 것이다. 여러분을 둘러싸고 있는 세상이 살아나고, 햇빛이 방을 서서히 밝히면서 마법 같은 느낌이 증가하고 은은한 분위기가 더해지는 동안 에너지를 향해 손을 뻗어라.

'행복한 인생을 만들기' 위한 스크립트 샘플

- 나는 잠에서 깨어나는 순간부터 반짝거리며 빛으로 일렁이는 존재다. 내 두 눈은 기쁨과 사랑으로 빛난다.
- 나는 훌륭하다. 나는 신비롭다. 나는 초월적인 존재다.
- 기쁨이 내 주변과 내면에 있고, 나는 내 멋진 인생이 마음에 든다.
- 나는 내 목표, 그리고 내 아름다운 소망과 같은 선상에 있다.
- 나는 내가 가는 곳마다 햇빛이 비친다는 느낌이 들고, 이 햇

빛은 내가 아는 그 어떤 것보다 눈부시다.

- 나는 멋지고, 눈부시고, 빛나고, 매력적이다.
- 나는 인생을 애쓰지 않고 우아하게 물 흐르듯 살아간다. 나에게는 시간이 아주 많기 때문이다.
- 나는 밝고 활기찬 기분을 느끼기 때문에 반짝이고, 광채가 나고, 빛으로 일렁인다.
- 나는 나 자신을 믿는다. 나는 마음을 열고 나를 향해 다가오는 경이로운 모든 것과 연결된다.
- 나는 내가 설계한 꿈의 인생에 있는 모든 것을 받고 있다. 나는 그럴 자격이 있는 사람이기 때문이다.
- 내 멋진 인생에는 신나는 우연이 항상 일어난다.
- 나는 나 자신과 다른 사람들에 대해 무한한 너그러움과 인내심을 느낀다.
- 나는 우주의 산물이다. 나는 동시다발적으로 발생하는 해답을 받아들일 준비가 되어 있다.
- 수많은 새로운 기회가 지금 바로 나를 향해 오고 있다.
- 나는 내가 하고 싶은 무엇이든 할 능력과 힘을 가지고 있다. 나는 목표를 향해 달린다!
- 나는 새로운 일에 도전하는 것을 사랑한다.
- 내 색깔은 내 인생과 다른 사람들의 인생에 빛을 비춘다.
- 내 주위에는 기회가 넘쳐난다. 나는 창의적이고, 내 인생을 즐기고 있다.

- 나는 새로운 일을 실험해보는 것을 사랑한다.

- 내가 감사할 때, 혹은 내가 어떤 것을 사랑하고 그것에 대해 좋은 기분을 느낄 때마다 나는 우주에 이렇게 외친다. "좋아! 더 줘!"

- 나는 내 주위를 항상 둘러싸고 있는 풍부한 에너지를 받아들일 준비가 되어 있다.

- 내 필요는 언제나 충족될 것이다.

- 나는 경외와 경이로움으로 가득 찬, 별이 쏟아지는 하늘을 내달리는 빨간색 마법 카펫을 타고 있는 것 같은 기분이다.

- 나는 매력적이고, 호기심이 많고, 웃는 것을 사랑한다.

- 나는 내 주위를 둘러싼 세상을 보면서 밝고 건강한 빛과 에너지, 낙관주의로 가득찬 세상을 느낀다. 나는 기쁨을 퍼뜨린다. 오늘도, 그리고 미래의 모든 날에도, 이 세상에는 아름다운 것이 너무 많다.

- 나는 나를 사랑한다. 나는 특별하다. 나는 매 순간 온 마음을 다해 사랑을 느낀다.

- 우주는 알려진 것이든 알려지지 않은 것이든 상관없이 그 대상으로부터 언제나 나를 보살펴준다.

- 나는 날아오를 준비가 된 새처럼 자유롭다. 내 착한 마음은 넓고 사랑으로 가득 차 있기 때문이다.

- 나는 다른 사람들을 너그럽게 대하는 것을 사랑한다. 그렇게 하는 것이 세상을 더 나은 곳으로 만들기 때문이다.

- 내가 찾는 것 역시 나를 찾는다.
- 나는 기적을 받아들일 준비가 되어 있다!
- 내 상상력은 제멋대로 날뛰며, 나는 창의력으로 가득 차 있다.
- 나는 밤낮으로 고주파의 에너지를 뿜어내고, 이 에너지는 내가 꿈꾸는 인생에서 원하는 것들을 끌어당긴다.
- 내 에너지는 너무 환상적이라서, 다른 사람들까지 치유하는 효과가 있다.
- 나는 내 마음이 바라는 모든 것을 가질 자격이 있다.
- 나는 내가 설계하고 있는 멋진 인생의 총지휘자다.
- 나는 매일 깊이 사랑받는다고 느낀다. 나는 탁월함, 사랑, 활력을 가질 자격이 있다. 나는 온전하다.
- 나는 내 주변 세상과 자연에 대한 경외심을 느낀다.
- 나는 세상의 모든 사랑을 받을 자격이 있다.
- 나는 너무 행복해서 마치 요정 가루로 만들어진 마법 같은 구름 속을 걸어 다니고 있는 것 같다.
- 내 삶은 황홀하다. 내가 그렇게 만들기 때문이다.
- 내가 사랑을 하면… 나에게 날개가 생긴다. 나는 자유롭고, 가볍고, 차분하고, 침착하고, 활력이 넘치고, 편안하다. 나는 사방에서 미소를 느낀다.
- 나는 받을 준비가 되어 있다.
- 나는 여기, 지금 이 순간에 존재하며 내 인생에 마법을 맞이할 준비가 되어 있다.

2장

스크립트 : 습관 바꾸기

우리는 반복의 결과물이다.
— 윌 듀런트 Will Durant

여기에는 나쁜 습관을 바꾸는 것도 포함된다! 반대로 좋은 습관을 만드는 것도. 어쩌면 여러분은 손톱을 그만 물어뜯고 싶을 수도 있다(나쁜 습관 없애기). 어쩌면 매일 명상을 하고 싶을 수도 있다(좋은 습관 만들기). 또한, 어떤 습관을 만듦과 동시에 다른 습관을 없애고 싶을 수도 있다. 여러분이 최고의 인생을 살 수 있도록 포괄적으로 작성된 행복 스크립트를 다 읽는 데 데일리 커피 셀프 토크 의식을 사용할 수 있다. 그리고 스크립트 마무리에 새롭고 좋은 습관을 시작하거나 나쁜 습관을 없애는 데 도움을 줄, 더 자세하고 구체적인 스크립트를 덧붙일 수 있다. 셀프 토크를 하는 방법은 여러분에게 달려있고, 유연하게 접근해야 한다.

나쁜 습관을 없애는 것이건 좋은 습관을 만드는 것이건 습관을 바꿀 때 기억해야 할 중요한 점은 '매우 구체적인 단어'를 선택하는 것이다. 정확하되 간단한 단어들이 좋다. 여러분에게 익숙한 단어를 사용하고, 대부분의 구절을 비교적 간결하면서도 효과적인, 그리고 다시 한번 말하지만, 매우 구체적인 문장으로 서술하라.

목표에 구체적인 디테일을 포함하는 것이 목표를 달성하는 최고의 방법인 것처럼 습관을 만들거나 없앨 때도 마찬가지다. 디테일이 더 많을수록 머릿속에서 여러분이 만들어내는 비전을 더 선명하게 볼 수 있다. 여러분은 결과물을 미리 '보여주는' 이미지를 더 잘 생성할 수 있고, 뇌는 그 이미지를 청사진으로 활용해서 결과를 만들어낼 것이다. 우리 뇌는 이미지를 기반으로 잘 작동하고, 우리는 그림을 가장 잘 기억한다. 여러분이 어떤 일을 할 때 인생에서 원하는 목표에 대한 선명하고 구체적인 정신적 이미지를 형성하는 것은 뇌를 그쪽으로 계속 끌어당기는 최고의 방법이다. 이 방법은 습관을 바꿀 때도 적용된다.

'습관' 목록을 만들어라

이제 인생에서 여러분이 바꾸고 싶은 것들을 목록으로 만들 차례다. 종이 한가운데에 세로줄을 그어서 종이를 반으로 나눠라. 왼쪽에는 여러분이 없애고 싶은 습관을 적어라. 오른쪽에는 인생에 추

가하고 싶은 새로운 습관을 써라. 처음에는 압도당하는 기분을 느끼지 않기 위해 한쪽당 3가지가 넘지 않도록 제한하는 것이 좋다. 시작할 때 목표로 삼은 습관들을 하나씩 달성해나가면서, 나중에 다른 습관을 더 추가할 수 있다.

설득력 있는 '왜'를 작성하라

이 프로세스에서 여러분이 생각하는 '왜'를 적는 것은 매우 중요하다. 이 '왜'는 여러분이 변화를 원하는 이유다. 뇌 안에 있는 서로 다른 체계들(예를 들어 장기적 사고 vs. 단기적 사고, 분석적 사고 vs. 감정적 사고)은 서로 다른 욕망을 가지고 서로 다른 방식으로 일을 처리하는 서로 다른 사람들이 두개골 안에 거주하는 상황과 매우 비슷하다. 여러분이 온종일 결정을 하는 동안 그 체계들은 끊임없이 서로와 타협한다. 예를 들어, 여러분이 정해진 양의 일을 끝내고 나서 휴식을 '스스로에게 허락'해줄 때 등이 있다.

습관을 바꾸려면 뇌의 장기적이고, 계획적이고, 분석적인 부위가 이 일이 정말 중요한 것이라고 반사적으로 작동하는 부위를 설득하는 과정이 필요하다. '왜'를 소리내어 표현함으로써 여러분은 근본적으로 이 일이 왜 그렇게 중요한지에 대한 의문의 그림자를 뛰어넘고 스스로를 설득하는 것이다.

그리고 설득력 있는 '왜'를 종이에 물리적으로 적고 나면 여러분이 곧 일구어낼 변화에 대해 더 큰 설렘을 느낄 수 있다. 또한, 여러분이 쓸 커피 셀프 토크에 대한 아이디어를 제공하는 데 도움을 주기도 한다.

여러분의 목록에 있는 각각의 아이템을 가지고 스스로에게 왜 그런 변화를 일으키고 싶은지 질문해보아라. 단것을 끊거나, 돈을 절약하거나, 금주 또는 금연을 하거나, 손톱을 그만 물어뜯거나, 소셜 미디어에 접속해 있는 시간을 줄이거나, 짜증을 너무 많이 내지 않는 것이 왜 그렇게 중요할까? 여러분의 건강, 에너지, 기분이 나아지는 것과 관련된 이유를 생각할 수 있다. 특정 나쁜 습관을 없애는 것이 여러분의 가족과 저축계좌, 자유에 어떤 영향을 줄지에 대해 생각할 수도 있다.

새로운 습관을 시작해야 할 설득력 있는 이유는 무엇인가? 여러분이 없애려고 하는 나쁜 습관 각각에 대해 설득력 있는 이유를 최소한 3가지씩 생각하고, 시작하려고 하는 좋은 습관 각각에 대한 이유도 3가지씩 생각해라.

커피 셀프 토크를 하면서 좋은 습관을 만들고 나쁜 습관을 없애

는 구체적인 사례를 몇 가지 살펴보자.

커피 셀프 토크를 활용해서 습관 바꾸기

이제 바꾸고 싶은 습관들을 열거한 목록과 그 변화를 일으키고 싶은 이유를 작성했으니, 다음은 각각의 아이템에 대한 커피 셀프 토크 스크립트를 쓸 차례다.

여러분이 셀프 토크를 시작하고, 습관을 없애는 데 도움을 줄 아이디어를 제공하기 위해 손톱을 물어뜯는 습관을 없애려는 내 딸(당시 9살이었다)에게 내가 만들어주었던 실제 스크립트의 예시를 수록해두었다.

지금부터 설명하는 내용을 여러분의 스크립트에 반드시 포함하길 바란다. 우선, 스크립트에 손톱을 물어뜯지 않는 사람의 행동을 서술해야 한다. 손톱을 물어뜯는 사람이 하는 행동과 손톱을 물어뜯지 않는 사람이 하는 행동에는 어떤 차이가 있을까? 생각해본다.

둘째, 습관을 바꿨을 때 얻을 수 있는 이점을 포함해야 한다. 여러분이 생각할 수 있는 이점을 최대한 많이 열거하라. 이 습관이 없어졌을 때 여러분이 느끼게 될 감정적 상태를 묘사해라.

셋째, 여러분의 나쁜 습관을 촉발하는 요인이 존재한다면, 그 요인을 명시하라. 나쁜 습관을 유발하는 사건이 일어날 때마다 그 나쁜 습관을 대체할 건강한 대안을 제시하라.

스크립트에는 자신감을 높여줄 희망찬 단어들이 사용되어야 할 것이다. 이 단어들은 여러분이 되고 싶은 새로운 사람, 여러분이 지금 되어가고 있는 사람을 상기시켜주는 역할을 한다.

여러분은 손톱을 물어뜯는 사람이 아니라고? 문제없다. 다음 스크립트를 하나의 예시, 또는 템플릿으로 사용하라. 전체적인 구조는 유지하되 여러분이 없애고 싶은 습관이 무엇이든, 그 습관에 맞춰서 구체적인 내용을 바꿔라.

'나쁜 습관을 없애기' 위한 커피 셀프 토크 스크립트 샘플
손톱 물어뜯는 습관

- 나는 오늘 손톱을 물어뜯으려는 욕구를 놓아준다.
- 나는 내 손을 위한 건강한 선택을 하는 것에서 행복을 느낀다.
- 나는 더 이상 손톱을 물어뜯고자 하는 욕구 또는 필요를 느끼지 않는다.
- 나는 아름답고, 건강하고, 내 손톱이 튼튼한 것을 사랑한다.
- 길고 아름다운 손톱이 있는 내 손은 아주 멋지다.
- 나는 내 예쁜 손톱을 무지개색으로 칠하는 것이 좋고, 손톱을 칠하면서 즐겁다.
- 나는 강하고 당당하다.
- 나는 건강한 선택을 한다.
- 나는 나를 믿는다.
- 나는 매 순간 온 마음을 다해 사랑을 느낀다.
- 나는 나를 사랑하고, 내 손톱을 사랑한다.
- 나는 멋지고, 내가 하고 싶은 무엇이든 할 수 있다.
- 내 손톱은 아름답고, 나는 내 손톱들을 건강하게 유지하는 것을 사랑한다.

- 손톱을 떼어내거나 물어뜯고 싶은 충동을 느낄 때마다 멋진 오일을 내 큐티클에 바른다.
- 나는 손톱을 물어뜯을 필요가 없고, 지금 바로 그 행동을 놓아준다.
- 나는 좋은 위생 습관과 깨끗한 손톱을 가지고 있다. 나는 내 입안에 손톱을 절대 넣지 않는다.
- 나는 손톱을 기르고 관리하는 것이 너무 즐겁다. 내 손톱은 정말 예쁘다.
- 나는 지금 이 순간 나를 사랑하고, 내 손톱을 사랑한다.
- 나는 내가 마음먹은 것이 무엇이든 계속 해내고, 인내한다.
- 나는 아름다운 손과 손톱을 가질 자격이 있다.
- 손톱 하나가 부러지거나 찢어진다면, 나는 손톱깎이 또는 손톱 줄로 사랑을 담아 그 손톱을 관리한다.
- 나는 내 손톱이 자라나는 모습을 보면 신이 난다!

TV를 보다가 손톱을 뜯고 있는 나의 모습을 발견한다면, 나는 그 행동을 큐티클에 아름다운 오일을 바르는 행동으로 대체할 것이다. 이 행동으로 나는 내 손톱을 예쁘고 건강하게 유지할 수 있을 것이다. 이 오일 한 병을 소파 옆에 갖다 놓는다는 것은 '내가 반드시 이렇게 행동하게 할 것이다'라는 의미다.

스크립트를 다 썼다면 이제 여러분은 데일리 커피 셀프 토크 시간에 그 스크립트를 소리내어 읽기 시작할 준비가 되었다. 일상적인 데일리 습관으로 커피 한 잔을 마시며 여러분의 확언을 거듭 반복하면 매우 빠르게 그 아이디어를 실행으로 옮기게 될 것이다. 보통 1~2주 안(가끔은 3주까지 걸리기도 한다)에 손톱을 물어뜯거나 떼어내려는 욕구가 증발하기 시작하며, 결국에는 습관이 없어진다.

프로세스의 진행 속도를 높이려면 모닝커피 시간뿐 아니라 더 자주 스크립트를 읽는 방법을 추천한다. 하루 3번까지 이 스크립트를 생각의 중심에 두는 10분 루틴을 만들면 더 큰 효과가 나타날 것이다. 이 루틴을 '영혼을 위한 아침밥, 점심밥, 저녁밥'이라고 생각하라. 아니면 이 경우에는, 여러분의 손톱을 위한 한 끼라고 생각하라.

식사에 대해 말을 꺼낸 김에, 만약 습관 없애기 스크립트를 읽는 시간을 매 식사 전에 하는 루틴으로 만든다면, 스크립트 읽기를 기억하는 데 도움이 될 것이다.

어느 날 거의 마법처럼, 잠에서 깨어나 더 이상 나쁜 습관에 대한 욕구가 없어지는 날이 온다. 그 습관에서 해방된 것이다. 하지만 이건 마법이 아니다. 여러분은 생각을 프로그래밍해서 새로운 습관을 만든 것이다.

이 습관 없애기/만들기 프로세스를 업그레이드하는 여러 가지 방법이 있다. 예를 들어, 딸에게 넷플릭스를 시청하면서 손에 쥐고 있을 공을 줄 수도 있다. 이렇게 해서 딸이 손으로 손톱을 만지는 대신 할 수 있는 다른 일을 주는 것이다. 또는 딸의 손톱이 어느 정도의 길이까지 자랐을 때 네일샵에 데려가는 등의 보상을 제시할 수도 있다. 습관을 없애는 데 도움이 되도록 장갑을 끼라고 할 수도 있다.

이런 종류의 기법은 도움이 되긴 하지만, 여러분이 누구인지를 바꿔놓지는 못한다. 이 방법은 여러분을 새로운 사람으로 만들지 못한다. 하지만 셀프 토크는 할 수 있다. 셀프 토크는 여러분의 성격을 바꿀 수 있고, 성격이 바뀌면 다른 일들이 줄줄이 일어난다.

가장 먼저, 어떤 습관이든 더 쉽게 만들거나 없애는 것이 가능해진다. 또한, 여러분이 변화하면서 자신을 사랑하는 여러분의 뇌는 온갖 종류의 긍정적인 변화를 받아들일 준비기 되기 때문에 여러분은 다른 좋은 습관들까지 열린 마음으로 받아들이게 될 것이다. 이는 셀프 토크의 비밀 중 하나다. 여러분은 '손톱 물어뜯지 않기'에 대해 더 구체적으로 말하고 그 말을 '나는 자격이 있는 좋은 사람이다' 같이 더 넓은 범위의 긍정적인 확언과 종합함으로써 손톱 물어뜯는 습관을 없애는 것을 넘어선 변화를 겪는다. 생각의 지형을 통째로 바꾸는 것이다. 여러분은 자신을 믿는 사람이 될 것이다. 이것은 좁은 범위에 집중된 습관을 변화시킬 자신감을 제공해줄

뿐 아니라, 여러분이 인생을 전체적으로 업그레이드시킬 다른 방법을 볼 수 있는 더 넓은 시야를 제공해준다.

좋은 습관 만들기

앞서 우리는 커피 셀프 토크를 사용해서 나쁜 습관을 없애는 방법에 대해 알아보았다. 이제 우리는 여러분이 새로운 좋은 습관을 형성하는 데 도움을 줄 스크립트 샘플을 살펴볼 것이다. 이 예시에서는 여러분이 매일 명상하는 새로운 습관을 만들고 싶어 한다고 가정했다. 만약 이 목표가 여러분에게 적용되지 않는다고 해도 걱정할 필요 없다. 이 기법은 어떤 새로운 습관에도 적용될 수 있다.

새로운 습관을 프로그래밍할 때는 셀프 토크를 사용하는 것 외에도, 여러분의 성공에 영향을 미치는 다른 변수가 몇 가지 더 있다. 가령 여러분이 원하는 새로운 습관에 도움이 될만한 환경을 조성하는 것이 있다. 또는 그 습관이 들 때까지 프로세스를 이어 나갈 확률을 높여줄 유인을 만들거나 리마인더를 설정하는 방법도 있다.

예를 들어, 명상 습관의 경우 명상하기 좋은 근사한 환경을 만들면 도움이 된다. 이 환경은 특별한 베개나 의자가 될 수도 있고, 혼자만의 시간을 확보하기 위해 옷장 안에 들어가 앉아 있는 것이 될 수도 있다. 어쩌면 특별한 촛불 같은 것들을 준비한다는 뜻일 수도 있다. 여러분이 명상하는 동안 사람들에게 방해하지 말라고 알리는 방법도 있다.

다음은 여러분의 커피 셀프 토크 스크립트를 살펴볼 차례다. 이 스크립트는 여러분이 아직 실제로 명상을 시작하지 않았더라도 여러분의 뇌에 프로그래밍을 시작하게 만드는 것이다. 이 셀프 토크는 성공의 기틀을 마련하고, 명상을 위한 사고방식을 형성한다. 여러분의 커피 셀프 토크에 이 스크립트를 1~3주 동안 추가하면 새로운 습관을 만들기가 더 쉽고 재밌어질 것이다.

나는 좋은 습관을 만드는 데 커피 셀프 토크를 사용하는 것이 그 습관이 '더 잘 붙게' 만드는 방법이라는 말을 자주 한다. 여러분이 습관을 들이기 위한 노력을 하기 전과 노력을 하는 도중에 그 습관에 맞춰 생각을 프로그래밍하면 성공할 확률이 높아진다. 명상이 삶의 일부가 되기 전이더라도 스크립트를 사용하면 실제로 명상을 시작했을 때 여러분의 뇌와 몸이 명상하는 것을 더 익숙하게 느끼도록 만든다.

마치 농구 선수가 코트 밖에 있을 때 완벽한 자유투를 던지는 모습을 머릿속으로 그려보는 것처럼, 이렇게 셀프 토크를 사용하면

여러분이 명상을 시각화하는 데 도움을 주며, 더 자연스럽고 쉽게 명상을 시작할 수 있게 만든다. 그러고 나서 여러분이 명상을 실제로 시작했을 때 데일리 스크립트를 여러분의 모닝커피와 함께 계속 사용하면 뇌 안의 연결선이 강화될 것이다.

'좋은 습관을 만들기' 위한 커피 셀프 토크 스크립트 샘플

명상하는 습관

- 나는 명상을 좋아하는 사람이다. 나는 명상이 나를 위해 해줄 수 있는 모든 일을 매우 기대하고 있다.
- 나는 매일 명상할 시간을 마련한다. 명상은 매우 중요하기 때문이다.
- 나는 명상을 위해 내 하루의 시간을 사용할 자격이 있다.
- 나는 명상을 사랑한다.
- 내 정신과 몸은 명상을 통해 좋은 기분을 느끼기 때문에 나는 명상을 단 하루도 빠짐없이 하고 싶다.
- 나는 매일 10분씩 명상을 하고, 이 시간은 환상적으로 느껴

진다.

- 나는 강하고 당당하다. 나는 건강한 것이 좋다.
- 나는 내 주위에 있는 에너지를 받아들일 준비가 되어 있다.
- 나는 나를 사랑하고, 내 자아를 사랑한다.
- 나는 매일 명상하려고 자리에 앉는 시간을 기다린다. 이 시간은 내 인생의 정기적인 일과이며 나를 평온하게 만든다.
- 명상은 회복력을 높이고 스트레스를 감소시키기 때문에 도움이 된다.
- 나는 나 자신을 믿는다. 나는 훌륭하기 때문이다.
- 나는 신비롭다. 나는 초월적인 존재다. 나는 행복하다.
- 나는 명상을 하는 동안 절대 좌절하지 않는다. 나는 내 생각이 산만해진 것을 인식하면, 다시 집중한다. 내 생각은 이런 일이 일어날 때마다 더 강해진다.
- 나는 내 멋진 인생의 주인이다. 나는 새로운 일을 하는 것이 좋다.
- 나는 스스로를 이렇게 잘 돌보는 것에 대해 감사한다.
- 명상은 내 창의력을 증가시키고, 나는 명상이 내 몸에 미치는 영향을 사랑한다.
- 나는 멋지다. 내가 하고 싶은 무엇이든 할 수 있기 때문이다.
- 나는 나에게 감사함을 느낀다.
- 나는 명상을 하는 데 시간을 투자하는 것이 즐겁다.
- 명상은 끝내주게 멋진 기분을 느끼고, 내 수명을 늘리고, 회

복력을 증가시키는 좋은 방법이다.

- 나는 내가 시간을 내서 명상을 한다는 것과 나 자신에게 감사한다.
- 나는 포기하지 않고 인내한다.
- 명상은 하루 중에서 내가 가장 좋아하는 일과 중 하나다. 명상을 하면 기분이 좋기 때문이다.
- 나는 훌륭한 시간 관리 습관을 가지고 있다.
- 나는 내가 설계하는 꿈의 인생에 있는 모든 것을 받을 자격이 있다.
- 나는 내 하루의 시간을 명상에 투자할 자격이 있다.
- 명상은 내 생각과 몸에 매우 좋다.
- 나만의 명상 공간을 만드는 것은 매일 명상하는 것을 더 쉽고 즐겁게 만든다.
- 나는 나 자신을 사랑하고, 명상을 사랑한다.
- 나는 다정한 사람으로 사는 것을 사랑한다.
- 명상은 나의 꿈이 실현되도록 도와준다. 명상은 나를 평온하고 침착하게 만들기 때문이다.

데일리 커피를 즐기면서 이 스크립트를 여러 번 읽어보아라. 좋은 습관이 여러분에게 더 잘 붙게 만들기 위해서 하루 중 3번의 분리된 시간에 스크립트를 읽어라. 잠들기 직전에 읽으면 특히 더 큰 도움이 된다!

만약 새로운 습관이 몸에 붙는 데 한 달이 걸린다고 해도 걱정하지 않아도 된다. 내가 앞서 소개했던, 변화를 더 빨리 일어나게 만드는 팁들을 떠올려 보아라. 여러분이 커피 셀프 토크를 하는 환경을 생각해보고, 영감을 주는 음악을 추가하고(명상에 적합한 잔잔한 노래를 들어도 좋다), 명상할 동기를 유발하는 사진을 보아라.

그리고 가장 중요한 것은 커피 셀프 토크를 하는 동안 고조된 기분과 감정을 느끼는 것이다.

3장

스크립트 : 신체 건강과 체중 감량

건강하고 날씬한 몸은 많은 이들의 공통적인 목표이므로, 이번 장에서 다룰 주제는 인기가 많다. 많은 사람이 성공을 가로막는 몇 가지 난관을 마주한다. 가장 먼저 체중 감량을 원하는 사람의 경우, 자기 자신을 사랑하는 것을 어려워하곤 한다. 이렇게 자기 자신을 사랑하지 못하는 것은 그 사람들이 '체중을 붙잡고 있는' 하나의 원인일 수 있다. 체중이 방어적인 태세를 갖추는 것이다.

그러나 자존감이 높아지고, 자기애가 솟구칠 때 (이 2가지는 모두 커피 셀프 토크를 했을 때 나타나는 결과다) 여러분은 식습관이나 운동 습관에 의도적인 변화를 주지 않고도 체중을 감량할 수 있다! 뇌는 생각을 현실로 만드는 이상한 재주를 가지고 있는데 특히 여러분의 전반적인 건강, 몸, 신진대사, 유전자 발현, 면역과 관련된 일이라면 더욱 잘 해낸다.

다음과 같이 설계된 스크립트로 셀프 토크를 하면 여러분을 건강하고 균형 잡힌 몸을 가진 사람들처럼 행동하는 성격으로 완전히 바꾸는 데 도움을 주기도 한다. 이런 셀프 토크는 더 많이 움직이고, 운동하고, 체중을 감량하고 싶은 욕구를 만들어낸다.

헬스장에서 가장 몸이 좋아 보이는 사람이 런닝머신 위에서 '통통 튀는' 발걸음으로 뛰거나, 특별한 에너지와 힘을 내뿜는 것을 본 적이 있는가? 그들은 절대 지루해 보이는 법이 없고, 결연해 보인다. 절대 피곤해 보이지 않고, 마치 한계가 없는 에너지를 지닌 것 같아 보인다. 어떤 임무를 수행 중인 사람처럼 보인다. 그건 그들이 실제로 임무를 수행하고 있기 때문이다. 이때 여러분이 목격하고 있는 것은 신체가 건강한 사람의 태도다. 신체가 건강한 사람의 사고방식이다. 물론 여러분은 이 태도가 신체적으로 건강한 사람이 된 이후에 나타나는 결과라고 생각할 수 있지만, 사실은 100퍼센트 반대다. 이 사람들의 신체가 건강한 이유는 이런 태도를 먼저 지니고 있기 때문이다. 여러분의 뇌를 바꾸면, 몸이 따를 것이다. 몸에는 선택권이 없다.

마지막으로, 많은 사람이 자신에게는 운동을 규칙적으로 할 시간과 에너지가 없다고 생각한다. 셀프 토크는 여러분이 신체적 건강을 다른 관점에서 보도록 뇌를 다시 프로그래밍한다. 다음 스크립트는 여러분이 뇌를 '나는 몸이 좋고, 섹시한 무적이야'라고 설정하도록 격려하는 스크립트다. 이 스크립트는 운동할 '시간이 없는' 사람을 운동할 시간을 만드는 사람으로 바꿀 수 있다. 마치 운동하

는 시간이 그저 일상의 자연스러운 일부인 것처럼 말이다. 운동은 억지로 하는 일이 아니라 즐거움을 주는 일이다. 스스로 운동을 갈망한다. 운동을 하고 싶어한다!

커피 셀프 토크는 보통 아침에 하므로 이 스크립트는 아침에 하기에 좋다. 하지만 나는 운동을 하기 전에 이 스크립트를 훑어보는 방법도 추천한다. 여러분을 움직이거나, 뛰거나, 춤추고 싶게 만드는, 에너지 넘치는 음악과 스크립트를 연동해서 사용하면 더 좋다.

처음에는 이 스크립트를 커피 셀프 토크 시간에 읽고 (또는 여러분에게 맞게 수정하고) 다른 건 아무것도 추가하지 않는 방법을 시도해봐도 좋다. 만약 여러분이 약간의 힘을 더하고 싶다면 온종일, 그리고 잠자리에 들기 전에 스크립트를 몇 번 읽어보는 방법을 추천한다.

일주일이 지난 뒤 자기 자신을 돌아보고, 여러분의 머리와 마음에 변화가 자리 잡는 느낌이 실제로 드는지 확인해보아라. 더 많은 에너지가 느껴지기 시작했는가? 운동을 더 하고 싶다는 생각이 자연스럽게 드는가? 인생에 운동을 추가할 다양한 방법을 생각해내고 있는가? 우주에서 여러분이 운동을 향한 설렘을 조금이라도 느끼도록 동시발생적으로 무언가를 여러분에게 보냈는가?

셀프 토크 스크립트를 읽은 지 단 1~2주밖에 안 됐다고 하더라도 여러분은 이와 같은 좋은 습관을 인생에 추가하고 싶어서 가만

히 있지 못하는 자신의 모습을 마주할 것이다. 여러분은 그런 습관을 실천하는 사람으로 변화하고 있을 것이기 때문이다!

'신체 건강 & 체중 감량'을 위한 커피 셀프 토크 스크립트 샘플

- 나는 나를 사랑하고, 내 인생을 사랑한다. 나는 내 몸을 사랑하고, 몸을 움직이는 것을 사랑한다.
- 나는 기분이 너어어어어어어무 좋다!
- 내 몸은 균형 잡힌 상태를 좋아한다. 균형 잡힌 상태가 되면 기분이 좋기 때문이다.
- 건강하고 신선한 음식을 선택하는 것은 나에게 풍부한 에너지를 제공해준다.
- 나는 내가 설계하고 있는 멋진 삶의 총지휘자다.
- 나는 내가 내 몸을 사랑하고 돌보는 것에 대해 감사한다. 나는 스스로를 돌본다.
- 나는 나를 믿는다.
- 나는 내가 힘이 있고 온전한 사람이고, 감사함을 이미 느끼는 상태일 때 내 소망들이 이미 발현된 것처럼 느낀다. 이 상

태는 미래에 생겨날 것이 확실한 감정과 현재의 감정을 연결하고, 내 몸은 그 미래의 일이 이미 일어났다고 믿는다.

- 나는 야외에서 하는 좋은 산책이 만들어주는 기분을 사랑한다.
- 나는 몸을 움직이는 것이 좋다. 몸을 움직이는 것은 내 순환계와 림프계를 펌프질하고, 이 펌프질을 통해 에너지를 얻을 수 있기 때문이다.
- 나는 내 몸이 강하고 탄탄한 것을 사랑한다. 좋았어! 해보는 거야!
- 운동은 나에게 에너지와 자신감을 준다.
- 나는 포기하지 않고, 인내한다. 내 건강에 대한 주도권은 나에게 있다!
- 나는 굉장하다. 나는 신비롭다. 나는 환상적인 사람이다.
- 나는 어디에서나 운동할 수 있다. 집이건, 야외이건, 헬스장이건 상관없다. 내 선택지에는 제한이 없다.
- 나는 강하고 당당하다. 나는 막을 수 없고, 무엇이든 가능하다는 것을 보여준다.
- 나는 내 몸을 사랑하고, 내 몸을 돌보기는 쉽다.
- 나는 멋지고, 내가 하고 싶은 것이라면 무엇이든 할 수 있다.
- 나는 스스로와 내 몸을 이렇게 잘 돌보는 것에 대해 감사한다.
- 걷기는 정말 좋은 운동이고, 나는 걷는 것을 매우 좋아한다.
- 나는 운동으로 스스로를 시험하고 내 심장 박동수를 올리는 것을 좋아한다.

- 운동으로 좋은 땀을 흘리면 기분이 끝내주게 상쾌하다. 좋오오오아!
- 운동은 팔벌려뛰기나 엎드려 팔굽혀펴기를 몇 번 하는 것처럼 쉬울 수 있다. 한번 운동하기 시작하면, 더 하고 싶어진다. 운동하면 기분이 좋고 힘이 생기기 때문이다.
- 건강한 음식은 건강한 조직과 장기를 만드는 내 세포에 동력을 공급한다. 이 과정은 한 번에 한 세포씩, 나를 더 건강한 나로 만든다!
- 튼튼한 상태는 내가 인생을 살아가는 데 도움이 된다.
- 나는 혼자 힘으로 해낸다. 내 몸은 탄탄한 것 같다. 내 몸은 강한 것 같다.
- 나는 좋은 위생 습관을 지니고 있고, 건강하다.
- 나는 내가 운동하는 동안 열심히 노력하는 느낌을 사랑한다. 숨을 깊이 들이시며 신선한 산소가 내 폐를 가득 채우고, 근육이 일하고, 칼로리를 태운다.
- 나는 운동이 끝난 뒤 몸에서 느껴지는 느낌을 사랑한다. 나는 이 느낌을 피로 또는 아픔이라고 생각하기보다는 내 몸이 적응하고, 근육을 만들고, 더 강해지고 있다는 피드백으로 받아들인다.
- 나는 매일 운동할 수 있음에 감사한다. 활기찬 움직임은 나에게 밝고 활기찬 기분을 가져다준다!
- 나는 건강한 음식을 선택하는 것을 사랑한다. 건강한 음식은

나를 더 건강하게 만들기 때문이다.

- 내 몸은 멋진 표범처럼 유연하다.
- 나는 내가 설계하고 있는 멋진 삶의 총지휘자다.
- 나는 섹시하다.
- 나는 내 순환계를 활성화하기 위해 몇 분 동안 운동하며 하루를 시작하는 것을 좋아한다. 나는 준비됐다, 시작해보자!
- 운동은 즐겁고, 나는 매일 운동하고 싶다. 나는 내 건강과 관련된 것을 똑똑하게 선택한다.
- 나는 좋은 사람이고, 다정한 사람이다. 나는 매 순간 온 마음을 다해 사랑을 느낀다.
- 내 몸은 강하고 유연한 기분을 사랑한다.
- 나는 운동을 할 때 내가 시간을 들여 운동한 것에 대해 자랑스럽고 행복한 기분을 느낀다. 고마워.
- 나는 넘쳐흐르는 에너지를 가지고 있고, 에너지와 함께 들썩인다. 나는 내 안에 들어있는 에너지로 전기를 내뿜는다. 찌릿. 찌릿. 찌릿.
- 나는 운동을 위해 하루의 일정한 시간을 투자할 자격이 있다. 운동은 매우 도움이 될 뿐 아니라 재미있기도 하다.

4장

스크립트 : 건강하게 오래 살기

나는 건강과 수명에 열성적인 사람이다. 나는 언제나 내 안의 에너지와 활력을 최대치로 끌어올리려고 노력하기 때문에, 건강은 나에게 중요하다. 열정이 넘치는 인생을 살려면 건강해야 한다. 나는 최대한 오래 살고 싶기 때문에 데이브 아스프리Dave Asprey(팟캐스터, 바이오해커biohacker, 연구 기관에서 소속되지 않은 채 생명 공학을 연구하는 사람, 방탄 커피의 창시자-옮긴이)가 주창한, 180년 이상 사는 것이 가능하다는 믿음을 머릿속에 프로그래밍하고 있다.

이 숫자가 이상하게 들리는가? 이 말이 완전히 미친 소리가 아닐 수 있는 2가지 이유를 알려주겠다.

의학과 기술의 현황을 고려하면 180살 넘게 수명을 연장한다는 아이디어는 미친 소리가 아니다. 기대 수명은 계속 증가할 것이다. 실제 숫자와 상관없이 어느 시점부터 기술은 사람들이 노화하는 속도보다 빠르게 발전할 것이다. 여기서 중요한 건 그 시점('수명 탈출 속도'라고 부르는 시점에 도달하는 순간)까지 건강하게 살아

남는 것인데, 뇌는 여러분이 건강하고, 젊고, 활기찬 상태를 유지하는 데 크게 관여한다.

'나는 180살 넘게 살 거야'라는 생각 자체는 내 생각과 몸을 다른 궤도에 올려놓는다. 우리의 뇌는 지시받기를 좋아하고, 뇌는 우리가 진지하게 말하는 모든 것(좋건 나쁘건)을 받아들이고 그 말을 실현하는 작업에 착수할 것이다. 나는 언제나 이렇게 말한다. "목표를 크게 잡지 않을 이유가 뭐가 있어?" 별을 향해 조준하면 적어도 달에는 착륙할 수 있을 것이다.

내가 이렇게 오래 산다고 상상하면 내 인생에 질병이나 아픔이 들어올 틈이 없다는 사실을 깨닫는다. "나는 최소한 180살이 될 때까지 살 거야"라는 문장은 그 자체로 나에게 자신감을 주는데, 이 문장에는 왠지 운명적인 뉘앙스가 있다. 이 느낌은 내 스트레스를 줄여준다. 그리고 스트레스를 줄이는 것은 실제로 여러분의 수명을 연장한다!

수명을 집중 조명한 다음 스크립트는 여러분의 몸이 건강한 삶과 전반적인 웰빙을 달성하도록 지시하는 보석 같은 문장들로 가득 차 있다. 여러분에게 가장 큰 울림을 주고 기쁨의 불꽃을 튀어오르게 하는 구절들을 자유롭게 사용하길 바란다.

'건강하게 오래 살기' 위한 커피 셀프 토크 스크립트 샘플

- 나는 활기와 축복이 가득한 멋진 삶을 살고 있고, 기분이 끝 내주게 좋다.
- 나는 너무 많은 에너지를 가지고 있고, 잠에서 깨어난 순간부터 춤을 추고 싶다. 내 에너지는 지붕을 뚫고 나온다.
- 나는 내 인생을 사랑한다. 나는 나를 사랑한다.
- 나는 오늘, 내일, 지금부터 100년 뒤에 일어날 모든 일이 기대된다.
- 나는 스스로를 돌보기 때문에 오랫동안 건강하게 살 것이다.
- 내 몸에 있는 활력 덕분에 나는 전기를 내뿜을 수 있고, 젊음을 느낀다. 내 색깔은 내 인생을 비추고 빛나게 한다. 나는 독수리처럼 날아오른다.
- 나는 차분하고 편안하다. 이 기분은 내 몸을 평온하게 만들어서 나를 보호하고 치유해준다.
- 오늘은 모든 것이 멋진 날이고, 나는 오늘을 살 수 있음에 너무 행복하다. 감사합니다!
- 내 에너지와 건강에는 제한이 없다. 에너지와 건강은 나를 둘러싸고 있고, 나는 기분이 너어어어무 좋다!
- 나는 내 건강을 소중히 여기고, 잘 먹고, 운동하고, 사랑이 가

득한 사고방식을 유지함으로써 스스로를 돌본다. 내가 몸 안에서 생성하는 에너지는 나를 젊고 활기 넘치게 유지해준다.

- 나는 숙면하는 것을 사랑한다. 잠을 잘때 꿈은 내가 보낸 하루를 정리해주고, 내 깊은 수면은 치유와 회복을 돕는다.
- 나는 반짝인다. 나는 솟아오른다. 나는 생기로 가득 차 있다. 휘이이이익.
- 나는 건강에 도움이 되는 기회에 귀 기울인다. 내 주위에서 그 기회들을 느낀다. 나의 끝내주게 멋진 에너지는 내가 나의 수명과 연결되어 있게 해준다.
- 나는 나를 믿는다. 나는 내 몸을 믿는다. 나는 내 유전자가 나를 활기차고 건강하게 유지해줄 것이라고 믿는다.
- 내 면역계는 강력하다. 내가 매일 행복과 감사함을 느끼기 때문이다.
- 나는 쉽게 숨을 쉰다. 내 몸은 완전히 건강하고, 나는 최소한 180살이 될 때까지 살 것이다.
- 나는 훌륭하다. 나는 신비롭다. 나는 젊음을 느낀다.
- 나는 최고로 건강한 기분을 느낀다. 나는 건강을 열린 마음으로 받아들이기 때문이다.
- 내 건강은 우선순위이고, 건강을 돌보는 것은 기분이 좋다.
- 나는 건강한 삶을 사는 방법에 대해 배우는 것을 사랑한다. 나는 새로운 일을 하고 도전하는 것을 사랑한다.
- 나는 명료하게 생각하는 능력을 갖추고 있고, 매일 명확하게

생각한다. 나는 집중력이 뛰어난 매력 덩어리이기 때문이다!

- 내 젊음의 호르몬은 반짝이는 에너지, 열정과 함께 내 몸 속을 아름답게 흐른다.

- 내 두 다리는 멋지다!

- 나는 내가 이렇게 스스로를 잘 돌보고 오래도록 행복한 삶을 살기 위해 노력하는 것에 감사한다.

- 나는 최고의 몸을 가지고 있고, 내 몸 전체를 사랑한다.

- 나는 강력한 뇌와 기억력을 가지고 있다. 나는 모든 것을 기억한다. 나는 단어들을 쉽게 떠올린다. 나는 애쓰지 않고 기억해낸다.

- 내 몸은 치유되는 것을 사랑한다. 나는 매 순간 온 마음을 다해 사랑을 느낀다.

- 내 몸은 기운이 샘솟는 느낌을 사랑한다.

- 나는 오래 살 자격이 있다.

- 내 뇌, 생각, 몸, 영혼은 조화를 이룬다. 나는 아름답다.

- 내 몸 속에 있는 에너지의 중심들은 같은 선상에 있고, 나를 빛나게 한다.

- 나는 오늘, 그리고 매일 섹시하고 힘이 솟는다는 기분을 느낀다.

- 운동은 재미있고, 나는 운동을 사랑한다. 운동은 내가 스스로를 돌보고 나의 에너지를 증가시키는 하나의 방법일 뿐이다.

- 나. 는. 멋지다!

5장

스크립트 : 치유

> 생각만으로 육체를 치유할 수 있다는 사실은
> 과학적으로 증명되었다.
> - 조 디스펜자 박사

과연 이 스크립트를 소개하는 데 위 인용구 외에 부연할 말이 있을까? (여러분이 이 연구에 대해 잘 모르거나 의심이 생긴다면, 조 디스펜자 박사의 저서 《당신도 초자연적이 될 수 있다Becoming Supernatural》와 《당신은 플라시보다You Are the Placebo》를 읽어보아라.) 여러분이 몸에 지시를 내려서 치유를 시작할 수 있도록 지금 바로 여러분의 내면에 치유력이 이미 존재한다는 사실을 의식하며 다음의 커피 셀프 토크를 살펴보자.

'치유'를 위한 커피 셀프 토크 샘플

- 내 몸은 스스로를 치유할 힘을 가지고 있다. 그렇게 설계되어 있기 때문이다.
- 나는 내 몸을 오늘, 그리고 언제나 사랑한다.
- 완벽한 치료제는 내 생각 속에 있다.
- 다 잘되고 있다.
- 나는 멋지고, 사랑스럽다. 나는 매 순간 온 마음을 다해 사랑을 느낀다.
- 행복은 최고의 치료제다. 행복은 온전함이다. 내 행복은 매일 나를 치유하고 내가 건강한 삶을 살 수 있게 해준다. 즐거움은 행복이다.
- 내 마음은 내 몸에 대한 사랑으로 가득 차 있다. 나는 기분이 좋다.
- 내 기분과 믿음은 내 모든 세포에 영향을 준다.
- 나는 내 치유 유전자를 코미디와 유머로 활성화한다. 나는 웃음을 사랑한다.
- 내 몸은 치유하는 방법을 안다. 내가 긍정하는 생각으로 내 몸을 총괄하기 때문이다.
- 온전함은 나의 내면과 주위에 있다.

- 나는 풍족함, 온전함, 감사의 에너지와 주파수에 귀 기울인다. 이 에너지와 주파수는 내 주위를 둘러싸고 있다.

- 나는 끝없는 인내심과 관대함을 가지고 있다. 나에게는 시간이 넉넉하게 있기 때문이다.

- 내 색깔은 내 인생을 비추고 빛나게 한다.

- 내 세포와 호르몬은 황금빛으로 빛나고 건강하다.

- 나는 내 안에 치유할 능력이 있다는 믿음과 용기를 가지고 있다.

- 나는 나를 차분하게 만들어줄 숨을 깊이 들이마신다. 산소는 내 폐를 가득 채우고 나를 편안하게 만든다.

- 나는 치유받을 자격이 있다. 나는 느낀다. 나는 안다. 나는 온종일 이 사실을 인지하고 있다. 긍정적인 에너지는 치유의 역할을 담당하는 내 유전 프로그램을 활성화한다.

- 나는 지금 바로 평온함의 파도가 내 위로 밀려드는 것을 느낀다. 처어어얼썩.

- 내 몸은 자가 치유를 하는 유기체다. 내 몸은 내가 편안하고 행복할 때 치유된다.

- 나는 치유를 할 기회에 귀 기울이고, 내 주위에서 그 기회들을 느낀다. 내가 느끼는 온전함과 사랑은 그 기회들과 나를 연결해준다.

- 내 몸은 튼튼한 상태를 좋아한다. 나는 혼자 힘으로 해낸다.

- 무언가에 감사할 때마다, 그리고 무언가에 대해 기분 좋은

느낌을 받을 때마다 나는 우주를 향해 이렇게 말한다. "이거 좀 더 줘, 부탁해!"

- 나는 내가 설계하는 꿈의 인생 속에 있는 모든 것을 받을 자격이 있다.

- 아무도 나를 말릴 수 없다. 나는 무엇이든 가능하다는 것을 알기 때문이다.

- 나는 머리부터 발끝까지 온전하다.

- 온전함이 주는 이 치유의 에너지를 더 오래 의식할수록, 더 많은 치유력과 건강을 나를 향해 끌어당길 수 있다.

- 나는 내 멋진 치유력을 받아들일 준비가 되어 있다.

- 나는 우주의 산물이다. 우주는 나를 치유의 에너지와 사랑의 빛으로 가득 채운다.

- 나는 내가 힘이 있고, 훌륭하고, 관대하고, 온전한 사람이라고 느끼는 상태일 때 내 소망들이 이미 발현된 것처럼 느낀다. 이 상태는 미래에 생겨날 것이 확실한 감정과 현재의 감정을 연결하고, 내 몸은 그 미래의 일이 이미 일어났다고 믿는다. 이렇게 연결된 상태는 내가 최상의 건강 상태를 더 빨리 발현시키도록 도와준다.

- 나는 내 주위를 둘러싸고 있는 에너지를 받아들일 준비가 되어 있다.

- 나는 빠른 치유자다.

- 나는 나의 모든 부분을 사랑한다. 머리카락과 뇌, 눈과 얼

굴, 팔과 가슴, 복부와 장기, 다리와 발까지 말이다. 나의 모든 것을 사랑한다. 매일, 나는 나를 사랑한다.

- 사랑은 치유력을 가지고 있기 때문에 경이롭다.
- 내 몸은 인내한다!
- 나는 내가 희망차고 다정한 사람인 것을 사랑한다. 이런 사람이 되면 기분이 끝내주게 좋기 때문이다.
- 나는 나를 믿는다. 나는 나의 굉장한 몸을 믿는다.
- 내 몸은 치유되는 것을 사랑한다. 그렇게 설계된 몸이기 때문이다!
- 나는 치유력을 지닌 몸의 총지휘자다.
- 내 에너지는 희망차고, 온전하고, 사랑으로 가득 차 있다. 나는 치유됐다.
- 나는 내 몸이 뛰어난 치유력을 가지고 있다는 것에 편안함과 감사함을 느낀다.
- 나는 상쾌하고 활기찬 기분을 느낀다.
- 나는 온전하다.
- 나는 스스로를 보살피는 것에 대해 감사하다.
- 나는 따뜻하고 빛나는 에너지로 가득 차 있으므로 내 힘은 무한하다. 내 힘은 내면에서 비롯되어 외면으로 확장한다. 나는 희망찬 에너지를 너무 많이 가지고 있기 때문에 스스로를 치유하고, 다른 사람도 치유해줄 수 있다.
- 나는 부드럽게 숨을 쉰다. 내 몸은 완전히 건강하고, 나는

180살이 넘을 때까지 살 것이다.

- 나는 끝내주게 멋지다.
- 나는 언제나 건강을 잃어버리지 않기 위해 건강이 내 삶을 순환하고 있다고 생각하도록 정신을 지휘한다. 나는 창조자다.
- 나는 행복하고 감사하다. 지금 바로 이 순간, 이곳에서.
- 나는 사랑이다.

6장

스크립트 : 부와 성공 끌어당기기

'백만장자'라는 단어는 나에게 특별한 의미를 지니고 있다. 물론 이 단어의 부분적인 의미가 돈과 관련되어 있는 것은 맞지만, 돈이 전부라고 생각하진 않는다. 이 단어는 돈보다 훨씬 많은 의미를 지니고 있다. 꼭 100만 달러 이상의 순 자산을 가진 사람만 뜻하는 것이 아니다. 이보다 훨씬 더 넓은 의미가 있다. 이 단어는 여러분에게 원하는 삶을 살 금전적인 여유가 있는 것을 뜻한다.

이는 100만 달러를 의미할 수 있지만, 반드시 그런 것은 아니다. 500만 달러, 1,000만 달러… 훨씬 더 많은 금액을 의미할 수도 있고… 5만 달러밖에 되지 않을지도 모른다. 여러분이 생각하고 있는 숫자가 있다면(순자산, 연수입, 월수입 등) 구체적인 숫자는 여러분 마음대로 설정하면 된다. 나는 목표를 설정하기 위해 만든 나만의 숫자를 가지고 있다.

하지만 이보다 더 중요한 것은, '백만장자'라는 단어가 나에게 일종의 암호라는 것이다. 이 단어는 풍족함, 관대함, 성공, 라이프스타일, 여행 등 관련 있는 아이디어와 감정을 종합하여 압축시킨 단어다. 그리고 제일 중요한 단어를 포함한다….

백만장자, 무엇이든 할 자유

'백만장자'는 내가 살면서 하고 싶은 무엇이든 할 자유와 힘을 가지고 있다고 느낄 때 떠올려지는 정신적, 감정적 상태에 붙인 이름표다. 내가 가고 싶은 어디든 가는 것, 대담한 일들을 시도해보는 것, 큰 꿈을 꾸는 것, 아무도 못 말리는 무적이 되는 것, 그리고 전반적으로 전설적인 인생을 사는 것이다. 다른 무엇보다 내가 1년 동안 세계를 여행할 수 있도록 해준 것은 이 백만장자의 사고방식이었다. 그리고 나서 이탈리아 움브리아에 있는 그림 같은 언덕 위의 중세식 마을에 한동안 정착하게 해주었다. 이 마을은 여러분이 영화 속에서나 존재한다고 생각할만한 곳이다.

이 중에서 실제로 100만 달러가 필요했던 적은 없었다. 오직 크게 생각하고, 내가 원하는 백만장자 라이프스타일에 대한 그림을 그린 다음 그 생각에 맞춰 계획하기만 하면 됐다. 한 단계씩 모든

것이 착착 맞아떨어졌다. 내 마음속에서 그런 인생을 사는 것은 가능했을 뿐 아니라, 쉬웠다.

다음 커피 셀프 토크 스크립트에 내가 백만장자 인생을 끌어당기기 위해 말했던 것들을 써두었다. 이 단어들에는 강력한 힘이 들어있다. 여러분이 이 단어들을 진지하게 받아들이고 세심한 주의를 기울여 듣는다면 단어들은 여러분에게 도움이 되는 방향으로 효과를 발휘할 것이다.

더 많은 마법을 일으키려면 이 스크립트를 '파워 포즈'로 읽는 것이 가장 좋다. 원더우먼처럼. 아니면 여러분의 취향에 맞춰서, 천둥의 신 토르처럼. 여러분의 몸은 여러분이 말하는 단어에 반응할 것이다. 여러분의 몸에는 선택권이 없다! 그리고 이때 에너지와 강조하는 추임새를 더해서 떳떳하게 말하면 단어의 힘은 더 강해진다(지금 내가 지어낸 말이 아니다. 실제로 파워 포즈에는 자신감을 높이는 효과가 있는 것으로 판명됐다).

파워 포즈를 하는 방법의 예시를 살펴보자. 골반 위에 두 손을 올리고, 눈은 똑바로 정면을 주시하고, 다 알고 있다는 듯한 미소를 슬쩍 짓는다(지금 여러분이 모든 비밀과 힘, 정답을 가지고 있다는 것을 드러내는, 다 알고 있다는 듯한 미소가 무엇인지 알 것이다. 그리고 진실을 털어놓게 만드는 원더우먼의 황금 밧줄도!). 자! 우리 모두 슈퍼히어로로 변신! 거짓말이 아니라, 망토가 있다면 정말로 꺼내어서 위풍당당하게 휘둘러 걸쳐라. 망토가 없다면? 상관없다. 여러분의 내면에 있는 슈퍼히어로 속으로 들어가라! 여러분은 차이를 느낄 것이다. 이건 진짜다.

'부와 성공'을 위한 커피 셀프 토크 스크립트 샘플

- 내 인생에는 목적이 있다. 나는 무한한 잠재력을 가지고 있다. 나는 내가 마땅히 가져야 하고, 갖고 싶은 것들을 뒤쫓고 있다!
- 나는 전설적인 인생을 살고 있다. 나에게는 전설적인 인생을 살 수 있는 능력이 있기 때문이다. 전설적인 인생을 사는 것은 내가 가지고 태어난 선천적인 권리다.
- 나는 매일 나를 격려한다. 나를 격려할 줄 알기 때문이다. 나는 매일 나를 격려하고 있다!
- 나는 창의력을 쉽게 활용하고, 내 주위를 둘러싸고 있는 기회와 해결책을 발견할 줄 안다.
- 나는 내가 원하는 모든 것을 가질 자격이 있다.
- 나는 내 컴퓨터를 사랑으로 축복하고, 내 컴퓨터는 나에게

성공과 번영을 가져다준다.

- 나에게는 기회가 아주 많은 기회가 주어진다. 내가 기회를 자석처럼 끌어당기기 때문이다. 나는 기회를 찾기 위해 눈을 크게 뜨고 있다.
- 나는 기억력이 좋다. 나는 애쓰지 않고 기억해낸다. 나는 놀라운 기억력의 소유자다.
- 나는 새로운 사람들을 만나고 아이디어를 공유하는 것을 사랑한다. 나는 다른 사람들이 하는 말에 귀 기울이고 배우는 것을 사랑한다.
- 나는 나를 사랑한다. 나는 내 인생을 사랑한다. 나는 인생을 사랑한다.
- 나는 내 멋지고 성공적인 삶의 총 지휘자다. 내 인생은 내가 설계하고 있기 때문이다.
- 나는 나를 믿는다.
- 나는 돈과 멋진 관계를 맺고 있다.
- 나는 내가 원하는 모든 것을 이룰 열쇠를 쥐고 있다. 나는 능력이 있고, 강하기 때문이다.

  으르르르르르렁!!!!!

- 나는 내가 설계하는 꿈의 인생에 있는 모든 것을 얻는다. 나는 그럴 자격이 있기 때문이다.
- 내가 손대는 모든 것은 성공으로 끝난다. 나는 성공에서 성공으로, 그리고 또 다른 성공으로 이동한다.

- 나는 카리스마가 있고, 다른 사람들과 나누는 것을 좋아한다.
- 내 영혼은 으르렁 소리를 내며 포효하고, 나는 세상의 꼭대기에 올라서 있다. 나는 나의 영웅이기 때문이다.
- 나는 똑똑하다. 나는 당당하다. 나에게는 한계가 없다.
- 주변 사람 모두가 내 재능을 인정한다.
- 나에게는 힘이 있다. 내게 주어진 힘을 포기하지 않고 인내하기 때문이다. 나는 나와 내 멋진 능력들을 믿는다.
- 성공은 내 주위에 널려있다. 나는 성공한다.
- 나는 기회에 귀 기울인다. 나는 내 주위에서 기회를 느끼고 본다. 내 창의적인 에너지는 나를 기회와 연결된 상태로 유지해준다.
- 내 수입은 계속 증가하고 있다. 좋아, 바로 그거야!
- 돈은 나를 사랑한다! 돈은 나를 사랑한다!
- 나를 말릴 순 없다. 나는 무엇이든 가능하다는 것을 알기 때문이다.
- 나는 열정적인 태도로 내 하루에 뛰어들 준비가 되어있고, 최고의 시간을 보내고 있다! 나는 내 인생을 사랑한다!!!
- 나는 체계적이고 효율적이다. 체계적이고 효율적으로 행동하면 집중력을 유지할 수 있기 때문이다.
- 나는 내 인생을 잘 정리한다.
- 나는 받을 자격이 있다. 나는 이 사실을 감지한다. 나는 이 사실을 안다. 나는 이 사실을 느낀다. 나는 온종일 이 사실

Coffee Self-talk

을 의식한다.

- 감사함으로 가득찬 내 마음은 언제나 우주의 풍요로움에 근접해 있다. 나는 내 아름다운 인생과 성공에 감사한다.
- 나는 내가 원하는 모든 것을 할 시간이 넉넉히 있다.
- 나는 우주의 산물이다. 우리는 모두 연결돼 있다.
- 나는 풍요와 감사의 에너지와 주파수에 귀 기울인다. 이 에너지와 주파수는 언제나 내 주위를 둘러싸고 있다.
- 나는 지금 바로 이 자리에서 새로운 기회를 얻을 자격이 있다.
- 내가 원하는 것은 언제나 이루어진다.
- 내가 이 풍족한 에너지를 더 오래 의식할수록 더 많은 기회가 나에게 다가온다.
- 나는 내가 열정적으로 추구하는 목표를 달성하기 위해 창의력을 자유자재로 사용할 수 있다.
- 내 인생은 퍼스트클래스이고 럭셔리하다.
- 나는 내 성공이 넉넉하다고 느끼고, 다른 사람들과 기꺼이 나눈다. 우리는 모두 하나다.
- 나는 나다. 나는 나를 사랑한다. 나는 성공한 사람이다.
- 나는 내 정신이 부와 건강, 풍족함이 내 것이라고 생각하도록 지휘한다. 나는 신체적 건강과 물질적 부를 어떤 형태로든 가지고 있다. 신체적 건강과 물질적 부는 언제나 내 인생을 흘러 다니고 있기 때문이다. 나는 창조자다.
- 나는 내가 원하는 모든 것을 쉽게 배운다. 내 뇌는 초능력을

가지고 있고 건강하기 때문이다.

- 나는 올바른 공간에서, 올바른 시간에, 올바른 일을 하고 있다.
- 나는 언제나 혼자 힘으로 해낸다.
- 내 마음은 힘과 용기로 팽창한다. 내 뇌에서는 멋진 아이디어가 흘러넘친다. 내 영혼 안에는 열정이 가득 차 있다.
- 돈은 나에게 쉽게 들어온다. 풍족한 기분은 풍족한 삶을 가져다준다.
- 내가 감사하는 것은 감사함을 느낀다!
- 지금 바로 나에게 멋진 새로운 기회들이 다가오고 있다.
- 나는 내 주위를 둘러싸고 있는 성공의 에너지를 열린 마음으로 받아들이고, 성공은 나를 사랑한다. 나는 모든 좋은 것을 받아들일 준비가 되어 있다.
- 나는 내가 스스로를 이렇게 잘 돌보고 꾸준히 성공하는 것에 감사한다.

7장

스크립트 : 멋진 배우자 찾기

이미 끝내주게 멋진 짝을 찾았는가? 그렇다면 이번 장을 건너뛰어도 좋다!

(하지만 여기에서 끝내주게 멋진 짝을 찾고 있는 지인에게 전해줄 만한 내용을 발견할지도 모른다.)

내가 이탈리아의 아름다운 움브리아 지역에서 내 '백만장자 라이프스타일'을 만드는 데 활용했던 '백만장자' 사고방식을 상기해보아라. 나는 내가 남자친구/미래의 남편을 찾고 있었던 15년 전에도 이와 유사한 프로세스를 활용했고, 효과를 봤다. 비록 이 방법을 사용하면서 커피를 마시지는 않았지만, 2~3일에 한 번씩 욕조에서 목욕하는 루틴을 하면서 내게 끌어당기고 싶은 짝에 집중했다.

원한다면 이 방법을 목욕 셀프 토크라고 불러도 좋다. 하지만 당시에 나는 내가 무엇을 하고 있는지 몰랐다. 나는 내가 하는 행동이 셀프 토크의 한 형태라는 사실을 인지하지 못했지만, 이것은 셀프 토크가 맞았다. 그때 나는 읽으면서 생각에 잠길 수 있는 스크립트를 작성했고, 내가 내 인생을 함께 공유하고 싶은 남자에 대한 디테일을 많이 서술했다.

나는 내가 원하는 이상적인 짝에 대한 모든 것을 목록으로 만들었다. 상대가 안경을 썼으면 좋겠다는 것(똑똑한 사람을 시각화하는 나만의 방식이었다)부터, 상대의 육아(나는 집에서 아이를 돌보고 싶었다) 및 스포츠 시청(스포츠에 집착하거나 스포츠가 인생에서 큰 비중을 차지하는 사람은 별로였다) 철학까지 모든 것을 적었다. 나는 15가지 정도의 내용을 담은 목록을 엄청나게 구체적으로 작성했다.

당시 나는 이 목록을 종이에 적었다. 지금도 내 기억 속에서 그 종이를 떠올릴 수 있다. 반짝이 펜과 스티커를 사용해서 종이 전체에 하트와 꽃무늬를 그렸다. 사, 당시 나는 20대 후반이었다. 장난스럽게 재미있게 장식한 시각 자료들은 (여러분도 눈치챘겠지만) 내가 그 목록을 살펴볼 때마다 내 안에 고조된 감정적 상태를 불러일으키는 데 도움을 줬다.

지금 와서 돌이켜 생각해보니, 그 프로세스는 사실 구체적인 목표 또는 소원 목록에 더 가까웠다. 당시 내 목록에는 스스로에 대한 긍정적인 확언이 없었다. 그때 나는 이 프로세스를 인지하지 못하고 있었기 때문이다. 하지만 목표를 세운 뒤, 그 목표를 구체화하고

Coffee Self-talk

매일 또는 격일로 다시 읽어보는 루틴을 만든 다음, 목표를 살펴보면서 긍정적인 감정을 느끼는 것은 내가 요즘에 하는 미세 조정된 목표 설정 및 검토 프로세스와 묘하게 닮아있다. 하지만 내가 그때 스스로에 대한 셀프 토크와 긍정적인 확언을 추가했다면, 더 큰 효과를 얻었을지도 모른다! 나는 분명히 남편을 2년이 아니라 1년 만에 만났을 것이다!

나는 이렇게 했다. 2~3일에 한 번 저녁 시간에 욕조 안으로 들어가 앉아서 내가 만든 목록을 읽는 동안 내 비전을 현실로 만들어주는 데 도움이 되는 환경 예를들어, 거품 목욕, 은은한 조명, 촛불, 부드러운 음악 속에서 긴장을 풀었다. 나는 내 정신이 이완된 알파 상태로 진입하도록 도왔다. 이 과정은 여러분의 뇌를 쉽게 다시 프로그래밍할 수 있는 상태로 만든다.

스크립트를 살펴보면서 나는 내가 미래에 만나게 될 짝을 향한 설렘과 사랑을 느꼈다. 이 기분은 내가 이 책의 전반에 걸쳐 계속 강조해온 마법 같은 감정 상태를 만들었다. 이 감정은 여러분의 분석적인 뇌 안에 있는 비전을 실현하고 여러분이 원하는 꿈의 인생을 발현하기 위해 그 비전과 일관되어야 한다. 내 이완된 상태와 내 꿈의 연인을 발현시킬 구체적인 스크립트, 그리고 드디어 꿈에 그리던 짝을 만나게 되었을 때의 끝내주게 멋진 기분을 상상하며 느낀 사랑의 감정이 모두 하나가 되자, 쿵! 남편이 내 인생 속으로 들어왔고, 그는 내 목록에 있는 모든 항목을 충족시켰다.

좋은 연습 방법을 추천해주겠다. 자리에 앉아서 이상적인 짝이 가지고 있길 바라는 모든 자질을 목록으로 만들어라. 오랫동안 고민해보아라. 깊이 생각해보아라. 우리가 지금 다루고 있는 주제는 매우 중요하다. 인생의 동반자를 찾는 과정이다.

아래는 여러분이 꿈에 그리던 짝을 끌어당기는 데 도움을 줄 커피 셀프 토크 스크립트다. 위 연습 방법에서 여러분이 목록에 적었던 자질을 이 스크립트에 추가하고 원하는 대로 편집하라.

'멋진 배우자'를 찾기 위한 커피 셀프 토크 스크립트 샘플

- 나는 친절한 사람으로 사는 것을 사랑한다. 친절한 사람으로 사는 것은 기분이 좋기 때문이다.
- 나는 매 순간 온 마음을 다해 사랑을 느낀다.
- 나는 멋지고 관대한 사람과 관계를 맺을 자격이 있다.
- 나는 내가 설계한 꿈의 인생 속에 있는 짝을 만날 자격이 있다.
- 내가 찾는 사람도 나를 찾는다.

- 나는 사랑스럽다. 나는 정말, 정말 사랑스럽다.

- 나는 모든 것이 가능하다는 것을 안다.

- 나는 나와 함께 있는 것을 사랑한다. 나는 멋진 사람이기 때문이다.

- 나는 가장 멋진 짝을 찾을 준비가 되어 있다. 내 마음은 나눠줄 수 있는 사랑으로 가득 차 있기 때문이다.

- 내가 사랑의 아름다운 에너지를 더 오래 의식할수록, 나에게 로맨틱한 기회가 더 많이 주어진다.

- 내 짝은 멋지고, 관대하고, 섹시하고, 다정하다. 바로 나처럼.

- 나는 완벽하게 건강하다.

- 나는 아름답고, 재밌고, 행복하다. 나는 매일 내 인생을 향한 감사와 기쁨을 느끼며 잠에서 깨어난다.

- 로맨틱한 기회는 내 주위를 둘러싸고 있다. 나는 사랑을 끌어당기는 자석이다.

- 나는 로맨틱한 기회에 귀 기울인다. 나는 로맨틱한 기회가 내 주위를 둘러싸고 있는 것을 느낀다. 나의 다정한 에너지는 내가 그 기회들과 계속 연결되어 있을 수 있게 해준다.

- 나는 내 사랑이 넉넉하다고 느끼고, 다른 사람들에게 나눠준다.

- 나는 새로운 일을 하는 것을 좋아한다. 나는 노는 것을 사랑한다. 내 색깔은 내 인생을 비추고 빛나게 한다.

- 나는 가장 아름다운 사랑을 할 자격이 있다. 영화 같은 사랑! 말이 안 될 정도로, 달콤하고 로맨틱한 사랑! 핑크빛 솜

사탕 같은 사랑!

- 내 하루하루는 기쁨으로 가득 차 있다.
- 사랑은 나에게 쉽게 다가온다. 나는 사랑으로 가득 차 있기 때문이다.
- 지금 내 완벽한 짝이 나에게 다가오고 있다. 나는 준비되어 있기 때문이다.
- 모든 것은 멋지고 축복으로 가득 차 있다. 내가 내 주위를 둘러싼 사랑을 느끼고 보기 때문이다.
- 나는 나를 멋지게 존중해줄 새로운 짝을 끌어당기고 있다. 나는 나 자신을 멋지게 존중하기 때문이다.
- 지금 바로 나에게 멋진 짝을 찾을 새로운 멋진 기회가 다가오고 있다.
- 웃는 것은 기분이 좋고, 나는 내 짝과 내가 경험하게 될 모든 재미있는 일들을 기대하고 있다.
- 내 천생연분은 재미있고, 관대하고, 정이 많고, 매력적이고, 똑똑하고, 모험심이 강한 사람일 것이다.
- 나는 내 주위에서 느껴지는 로맨틱한 기운을 매우 기대하고 있고, 지금 바로 나에게는 멋진 일들이 벌어지고 있다.
- 나는 훌륭하고, 내 긍정적인 에너지가 멋진 관계를 끌어당기면서 내 몸 밖으로 팽창하는 것을 느낀다.
- 사랑. 사랑. 사랑. 나는 사랑을 사랑한다.
- 내 인생은 끝내주게 멋지다. 나는 지금 모습 그대로의 나를

사랑하기 때문이다. 내가 스스로를 온전히 사랑한다는 것은 다른 사람을 사랑할 준비가 되어 있다는 뜻이다.

- 빨갛게 지글지글 타오르는 뜨거운 사랑이 나를 향해 다가오고 있다!

- 나는 내가 사랑하는 사람과 함께 하게 될 모든 신나는 모험, 더없이 행복한 데이트, 로맨틱한 휴가를 기대하고 있다.

- 나는 편안하다. 나는 미소를 짓는다. 나는 기분이 너무 좋다.

- 나는 사랑받을 자격이 있다.

8장

스크립트 : 임신과 출산

임신과 출산은 나에게 친밀하고 소중한 주제다. 나는 임신에 도움이 되는 방향으로 셀프 토크를 활용하는 데 성공했다. 셀프 토크는 내 임신과 출산 준비를 위한 유일한 도구는 아니었지만, 내가 열린 마음을 가지고 침착함을 유지할 수 있게 해주었으므로 매우 중요한 역할을 했다. 오래전에도 나는 '셀프 토크'에 대해 배운 적이 있었다. 하지만 그 당시에는 지금처럼 셀프 토크를 규칙적으로 하지는 않았다. 따라서 탄탄한 프로그램이나 스크립트가 없었다.

지금도 우리 부부가 '자연 체외수정'이라고 부르는 특별한 치료를 받으러 클리닉에 갔던 날 했던 옛날 버전의 셀프 토크를 생생하게 기억한다. 병원 가운으로 옷을 갈아입으면서 나는 사랑의 주문을 외치듯, 내가 곧 내 안에 그레그와 나의 배아를 이식받을 것에 대해 설렘과 침착함을 느끼고 있다고 외쳤다.

치료 절차가 끝나자 나는 영혼을 끌어모아 비전을 현실화하는 과정을 거쳤다. 배아가 이식된 후 의사는 나에게 약 30분간 의자에 기대어 앉아 안정을 취하라고 했다. 나는 의자에 앉아 있었던 시간 내내 나의 자궁이 핑크빛 솜사탕처럼 부드럽고 끈적해진 모습을 시각화했다. 머릿속에서 반복적으로 배아가 내 자궁에 '달라붙고' 집을 찾을 것이라고 되새기고 또 되새겼다. 그러고 나서 보라색 모자를 쓴 멀린이라는 이름의 마법사가 내 몸속의 모든 일이 잘될 것이고 자기가 잘 돌보겠다고 약속하는 모습을 상상했다.

지금도 그때를 돌이켜보면 목이 멘다. 그 당시 내 셀프 토크가 내 몸에 어떤 지시를 내릴지 알려주었고, 내 마음을 침착하게 다독여 주었기 때문이다. 우리의 몸에 생각이 미치는 영향력은 아무리 강조해도 지나치지 않다. 개인적으로 나는 우리가 임신을 시도할 당시 주기적으로 이와 같은 스크립트를 사용했다면 더 빠르고 쉽게 임신에 성공했을 것이라고 믿는다. 최소한 시도하는 과정에서 스트레스를 훨씬 덜 받았을 것이다. (팁: 임신을 시도하는 동안에는 디카페인 커피와 셀프 토크하는 것이 좋다.)

'임신과 출산'을 위한 커피 셀프 토크 스크립트 샘플(여성)

Coffee Self-talk

- 나는 아이를 얻고 임신할 자격이 있다. 나는 느낀다. 나는 안다. 나는 온종일 이 사실을 인지한다.
- 내 몸은 아름다운 아기를 임신하고 출산하도록 설계되었다.
- 나는 온 마음을 다해 매 순간 사랑을 느끼고, 이 사랑을 내 아기와 공유할 준비가 되어 있다.
- 나는 혼자 힘으로 해낸다. 나는 아무도 말릴 수 없고, 무엇이든 가능하다는 사실을 안다.
- 나는 내가 힘이 있고, 훌륭하고, 관대하고, 온전한 사람이라고 느끼는 상태일 때 내 소망들이 이미 발현된 것처럼 느낀다. 이 상태는 미래에 생겨날 것이 확실한 감정과 현재의 감정을 연결하고, 내 몸은 그 미래의 일이 이미 일어났다고 믿는다. 이렇게 연결된 상태는 내가 원하는 모든 것이 더 빠르게 발현되도록 도와준다.
- 나는 멋진 몸을 가지고 있다.
- 나는 온전하고 아름답다. 나는 나를 사랑하기 때문이다.
- 내 호르몬들은 건강하며, 임신과 출산을 하기에 최적인 상태다. 내 호르몬들은 건강한 아기를 임신하고 출산할 수 있도록 내 몸을 준비시키는 방법을 안다.
- 배아는 내 자궁의 안쪽에 쉽게 '달라붙는다'. 내 자궁은 솜사탕처럼 '끈적'거리기 때문이다.
- 나는 적당한 휴식, 음식, 사랑이 담긴 확언으로 내 몸에 영양분을 공급한다. 이것들은 내가 임신을 하는 데 도움을 주기

때문이다.

- 나는 멋지다.

- 나는 아기를 낳을 에너지를 가지고 있고, 나는 준비되어 있다.

- 나는 내 안에 있는 아기로부터 에너지를 느끼는 것이 기대된다.

- 나는 내 인생의 모든 것에 감사하고, 감사함은 내 기분을 좋게 만든다. 기분 좋은 느낌은 내 생식 능력에 도움을 준다.

- 나는 편안하다. 나는 정말, 정말 편안하다.

- 나에게는 임신할 시간이 충분히 있고, 나는 침착하다. 다 잘되고 있다.

- 내 몸은 쉽게 임신과 출산을 한다. 내가 내 몸을 사랑하고, 내 인생을 사랑하기 때문이다.

- 임신은 기쁜 경험이고, 나는 준비되어 있다. 나는 행복하다. 나는 기대하고 있다!

- 임신과 출산은 나에게 자연스럽고 애쓰지 않아도 되는 과정이다. 내 인생은 사랑을 담아 아기를 환영한다.

- 나는 쉽게 임신할 수 있다. 내 몸은 활기와 생기로 빛나기 때문이다.

- 나는 아이를 가질 준비가 100퍼센트 되어 있다. 나는 지금 바로 완전히, 온전히, 조건 없이 스스로를 사랑하기 때문이다.

- 나는 내 몸이 임신할 수 있도록 준비시켜주는 호르몬의 마법을 느낀다.

- 나는 내가 생각하고 느끼는 방식을 사랑한다. 나는 내 인생

에 들어있는, 내가 원하는 대로 인생을 설계하는 힘을 사랑한다.

- 내 몸에는 아기를 만드는 불가사의한 능력이 있다.
- 나는 내 파트너를 사랑한다. 나는 내 인생을 사랑한다. 나는 나를 사랑한다.

'임신과 출산'을 위한 커피 셀프 토크 스크립트 샘플(남성)

- 나는 아빠가 될 자격이 있다. 나는 느낀다. 나는 안다. 나는 온종일 이 사실을 인지한다.
- 내 몸은 내 파트너의 몸에 아름다운 아기를 임신시키도록 설계되었다.
- 나는 온 마음을 다해 매 순간 사랑을 느끼고, 이 사랑을 내 아기와 공유할 준비가 되어 있다.
- 나는 혼자 힘으로 해낸다. 나는 아무도 말릴 수 없고, 무엇이든 가능하다는 사실을 안다.
- 나는 내가 힘이 있고, 훌륭하고, 관대하고, 온전한 사람이라

고 느끼는 상태일 때 내 소망들이 이미 발현된 것처럼 느낀다. 이 상태는 미래에 생겨날 것이 확실한 감정과 현재의 감정을 연결하고, 내 몸은 그 미래의 일이 이미 일어났다고 믿는다. 이렇게 연결된 상태는 내가 원하는 모든 것이 더 빠르게 발현되도록 도와준다.

- 나는 힘이 세고 강력한 몸을 가지고 있다.
- 나는 온전하고 아름답다. 나는 나를 사랑하기 때문이다.
- 내 호르몬들은 건강하며 난자를 수정시키기에 최적인 상태다.
- 나는 적당한 휴식, 음식, 사랑이 담긴 확언으로 내 몸에 영양분을 공급한다. 이것들은 아빠가 될 준비가 된 건강한 몸을 만들어주기 때문이다.
- 나는 아기를 만들 에너지를 가지고 있고, 준비되어 있다.
- 나는 내 파트너의 몸 안에 있는 아기로부터 에너지를 느끼는 것이 기대된다.
- 나는 내 인생의 모든 것에 감사한다. 감사함은 내가 튼튼하고, 강력하고, 건강한 기분을 느끼게 만든다.
- 기분 좋은 느낌은 내 생식 능력에 도움을 준다.
- 나는 멋진 아빠가 될 것이다.
- 나는 편안하다. 나는 정말, 정말 편안하다.
- 나에게는 가족을 확장할 시간이 충분히 있고, 나는 침착하다. 다 잘되고 있다.
- 내 몸은 생식 능력이 뛰어나다. 내가 내 몸을 사랑하고, 내

인생을 사랑하기 때문이다.

- 나는 준비되어 있다. 나는 행복하다. 나는 아빠가 되는 것이 기대된다!

- 임신과 출산은 나에게 자연스럽고 애쓰지 않아도 되는 것이다. 내 인생은 사랑을 담아 아기를 환영한다.

- 나에게는 내 파트너의 난자를 쉽게 수정시킬 능력이 있다. 내 몸은 활기와 생기가 넘치며 강하기 때문이다.

- 나는 아이를 가질 준비가 100퍼센트 되어 있다. 나는 지금 바로 완전히, 온전히, 조건 없이 스스로를 사랑하기 때문이다.

- 나는 내 정자를 건강하고 활기차게 만드는 호르몬의 마법을 느낀다.

- 나는 내가 생각하고 느끼는 방식을 사랑한다. 나는 내 인생에 들어있는, 내가 원하는 대로 인생을 설계하는 힘을 사랑한다.

- 내 몸은 아기 만드는 과정을 돕는 능력이 뛰어나다.

- 나는 내 파트너를 사랑한다. 나는 내 인생을 사랑한다. 나는 나를 사랑한다.

9장

스크립트 : 좋은 부모 되기

좋은 부모라면 아이를 너무 사랑하기 때문에 육아에 대한 커피 셀프 토크를 할 필요가 없다고 생각할지도 모른다. 하지만 기력이 바닥난 경험을 해본 적이 있는 부모라면 우리가 아이들에게 더 큰 관심을 가지고 아이들을 위해 더 많은 시간을 낼 수 있을 때가 있음을 안다. 우리가 지쳤거나, 산만해졌거나, 바쁘거나 우리 스스로를 사랑하지 않는 등의 모든 상황은 우리 아이들에게 영향을 미친다.

여러분이 아이에게 사랑을 더 많이 표현하기 위해 할 수 있는 가장 중요한 1가지는 스스로를 먼저 사랑하는 것이다. 그렇다, 여러분을 사랑하는 것이 먼저다. 여러분이 자기 자신을 먼저 사랑해야 하는 이유는 자기 자신을 사랑했을 때 아이들이 누려 마땅한 방식으로 아이들 '곁에 함께 있어줄' 수 있을 뿐 아니라, 아이들에게 본보기를 세워 스스로를 사랑하라고 가르쳐줄 수 있기 때문이다.

여러분이 스스로를 사랑할 때, 스스로를 더 잘 돌본다. 비행기의 기압이 떨어질 때처럼 여러분이 산소마스크를 먼저 써야 의식을

부와 행운을 끌어당기는 커피 셀프 토크 실천 287

잃지 않고 아이들을 도울 수 있다. 그리고 여러분은 세상에 존재할 수 있는 최고의 롤모델이 된다. 우리 아이들은 본보기를 보고 배우며, 우리 스스로가 먼저 보여주지 않고 아이들의 자존감이 건강하길 기대하는 것은 현실적이지 못하다.

멋진 부모가 되기 위해서는 여러분이 자존감을 높이고 그 누구보다 최고의 부모가 될 수 있도록 뇌를 다시 프로그래밍하는 셀프 토크가 포함되어 있다.

'좋은 부모가 되기' 위한 커피 셀프 토크 스크립트 샘플

- 나는 친절한 사람으로 사는 것을 사랑한다.
- 나는 침착하고, 친절하고, 격려하는 엄마/아빠다. 나는 시간을 내서 아이들의 말을 경청하기 때문이다.
- 나는 아이들에게 온전히 집중한다. 아이들에게 온전히 집중하는 것은 그들이 나에게 얼마나 소중한 존재인지 표현하는 방법이기 때문이다.
- 나는 내 인생을 사랑하고, 내 가족을 감사하게 생각한다.

- 부모로 사는 것은 재미있고 설렌다. 부모로 사는 것은 내가 보물처럼 소중히 여기는 모험이다.
- 부모로 사는 것은 멋진 경험이고, 나는 내 아이들이 자라나서 꽃피는 모습을 보는 것을 사랑한다.
- 내 아이는/아이들은 사랑스럽다. 나는 사랑스럽다.
- 나에게는 무한한 관대함과 인내심이 있다. 나는 내 아이와/아이들과 시간을 보내는 것을 사랑한다.
- 나는 매 순간 온 마음을 다해 사랑을 느끼고, 이 느낌은 내 아이(들)에게도 전해진다.
- 나는 끝내주게 멋진 부모가 될 기회에 귀 기울인다. 나는 내 주위를 둘러싸고 있는 이 기회들을 느낀다. 내 고조된 에너지는 내가 계속 아이(들)에게 주의를 기울이고 아이와/아이들과 연결되어 있을 수 있게 해준다.
- 나는 내 인내심이 넉넉하다고 느끼고, 이 인내심을 내 아이와/아이들과 공유한다.
- 나는 내 아이를/아이들을 끌어안고 있는 것을 무척 좋아한다.
- 나는 내 아이와/아이들과 새로운 일을 시도해보는 것을 좋아한다. 새로운 일을 시도해보는 것은 재미있고, 우리 모두 새로운 것을 배우기 때문이다.
- 나는 멋진 인생을 살고 있고, 내 아이(들)도 인생을 사랑한다.
- 나는 아이(들)에게 발언권이 있다는 것을 알려주기 위해 아이(들)의 말에 귀 기울인다.

- 내 아이가/아이들이 방 안으로 걸어들어올 때 나는 하던 일을 내려놓고 아이와/아이들과 눈을 맞춘다.
- 나는 멋진 부모다. 나는 나를 믿기 때문이다.
- 오늘, 제가 아이(들)에게 감사함을 느낄 수 있게 해주세요.
- 나는 인내심을 가지고 있고 아이가/아이들이 스스로의 시간에 하고 싶은 일을 할 수 있도록 허락한다.
- 나는 실수에 인내심, 연민, 친절함을 가지고 대응하고, 이렇게 대응하는 것은 내 아이(들)에게 타인에 대한 인내심, 연민, 친절함을 가르쳐준다.
- 내가 모든 답을 알진 못하지만, 나는 아이(들)의 말에 경청하고 아이가/아이들이 이야기할 수 있는 자리를 마련해준다.
- 나는 내 아이(들)에게 영감을 주는 롤모델으로 사는 것이 좋다. 아이(들)의 롤모델이 되는 것은 아이(들)의 인생에 중요하기 때문이다.
- 내가 자기 자신을 사랑하고 내 아이가/아이들이 나의 자기애로부터 엄청난 혜택을 받는다는 사실을 아는 것은 가슴 뛰는 일이다.
- 나는 도전, 인내심, 친절함으로 가득 차 터지기 직전인 마음을 가지고 있고, 이 마음을 가족과 나눈다.
- 부모로 사는 것은 마법 같은 일이고, 내게 아이가/아이들이 있는 것은 축복이다. 나는 내 아이와/아이들과 보내는 시간을 만끽한다.

- 우리 집에서는 더 많이 껴안기, 더 소중한 시간, 더 큰 사랑을 언제나 요청할 수 있다.
- 나는 매일 사랑으로 가득찬 상태로 일어나서 이 사랑을 가족과 나누려 한다.
- 우리는 마법, 사랑, 경이로움이 가득한 멋진 가족이다.
- 나는 내 가족, 그리고 가족과 함께 보낼 수 있는 시간이 넉넉하게 있다는 사실에 감사하다.
- 가족과 함께 보내는 시간은 중요하다. 이 시간은 우리 사이에 유대감을 형성하고 우리를 더 강하게 만든다.
- 나는 사랑이다. 나는 친절함이다. 나는 인내심이다.

여러분이 다른 사람들을 변화시킬 순 없을지 모르지만, 다른 사람들이 스스로 변화를 일으키도록 격려할 수는 있습니다. 여러분은 그저 은은하게 빛나고, 반짝거리고, 행복한 여러분으로 존재하면 됩니다. 사람들은 여러분에게 이끌리고 여러분 근처에 더 오래 머무르고 싶어 할 것입니다. 여러분은 새롭게 발견한 긍정적인 에너지로 다른 사람들을 끌어당길 것입니다.

헌번은 어떤 디너 파티에서 서희 테이블 건너편에 한 커플이 앉아 있었는데, 부인이 저에게 이렇게 말했습니다.

"저는 크리슨 씨와 함께 있는 것이 정말 좋아요. 당신은 정말 좋은 태도를 지니고 있어요."

우와… 저는 이 말을 듣고 정말 기분이 좋았습니다. 아마 이날을 평생 잊지 못할 것입니다.

이 현상에는 '감정 전염emotional contagion'이라는 명칭이 있습니다. 이는 여러분이 무의식적으로 다른 사람들의 감정에 영향을 줄 수 있음을 뜻하죠. 여러분이 만들고 있는 변화를 다른 사람들에게 보여주며 영감을 받게 하는 것이 다른 사람의 기분을 나아지게 만드는 1가지 방법입니다. 여러분이 이 세상의 꼭대기에 서 있다고 느낄 때 여러분 안에서 긍정적인 에너지가 흘러나와 다른 사람들에게 스며듭니다.

사람들이 여러분에게 "기분이 항상 그렇게 좋으신 이유는 무엇인가요?"라고 묻기 시작하더라도 놀라지 마세요. 이렇게 질문한 사람은 셀프 토크에 관한 대화의 물꼬를 튼 것입니다. 바로 이때 여러분은 그 사람을 사로잡아야 합니다. 여러분의 이야기를 공유해주고 여러분의 인생을 완전히 바꾸는 데 커피 셀프 토크를 어떻게 사

용했는지 설명하면서 이 기회를 꽉 붙잡으세요.

사실 여러분 스스로를 먼저 바꾸기만 하면 됩니다. 다른 사람들
은 그 모습을 목격하고, 자기한테도 방법을 좀 알려달라고 요청할
수밖에 없을 거예요. 이 기회를 잘 활용해서 여러분이 뭘 하고 있는
지 알려주세요. 여러분의 새로운 커피 셀프 토크 루틴을 설명해주
세요. 이 책을 빌려주고, 이렇게 멋진 기분을 누리기가 얼마나 쉬운
지 이야기해주세요. 이 기분을 마다할 사람이 어디 있을까요?

커피 셀프 토크는 하루 5분 투자로 손쉽게 여러분의 인생을 바꿀
힘을 얻게 해주는 루틴입니다. 여러분이 말하고, 생각하고, 느끼는
방식은 여러분 인생에서 일어나는 모든 일의 원인입니다. 이것을
여러분에게 유리한 방향으로 활용하고 여러분의 인생을 최.고.의,

가장 마법 같은 인생으로 만드세요. 전설적인 인생을 사세요. 여러분은 완전히 그럴 자격이 있는 사람이니까요!

> 당신이 이 행성에서 누리는 모든 순간은 소중하고,
> 당신이 행복한 것은 당신의 책무다.
>
> — 나발 라비칸트 Naval Ravikant

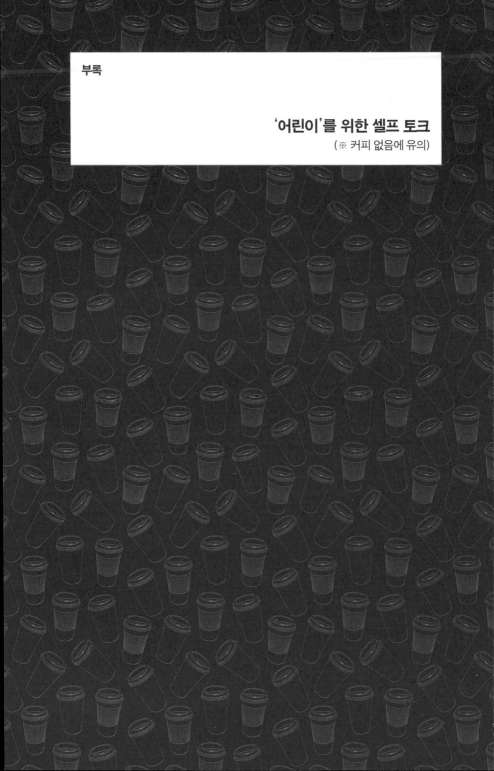

부록

'어린이'를 위한 셀프 토크

(※ 커피 없음에 유의)

셀프 토크에서 어린이들은 특별한 경우다. 어린이들은 영향을 너무 쉽게 받기 때문이다. 아이들은 아주 작은 것이라고 하더라도 뇌의 프로그래밍에 변화를 주면 여생에 엄청난 영향을 받을 수 있다. 좋은 롤모델이 되고 아이들을 가르치는 것은 부모의 역할이다. 여러분이 부모라면 셀프 토크를 통해 스스로 더 좋은 부모가 될 뿐만 아니라, 아이들에게 셀프 토크에 대한 모든 것을 알려주고 싶을 것이다. 선생님은 여러분이므로 아이들에게 셀프 토크를 가르쳐주기 위한 특별한 시간을 마련할 수 있다.

물론 아이들에게는 커피가 필요하지 않다. 디카페인이라면 괜찮을지도 모르겠지만, 하하. 아니면 아이들에게 다른 음료, 예를 들어서 탄산수를 셀프 토크를 할 때만 사용하는 특별한 유리잔에 담아서 줄 수도 있다. 이런 식의 디테일은 재미있는 차이를 만든다. 중요한 것은 셀프 토크 경험을 의식화하고, 주기적으로 반복하는 것이다. 최대 효과를 얻으려면 셀프 토크를 아이의 데일리 루틴으로

만들어라.

잠깐 멈춰서 모든 아이가 아름다운 자존감을 가지고 사는 세상을 상상해보아라. 친구를 괴롭히는 아이도 없고, 모든 아이가 서로를 지지해주고 긍정적인 친구 관계를 맺는 세상. 셀프 토크에 대해 가르쳐주면, 우리 아이들은 또래 집단으로 받는 압력을 버텨내는 데 필요한 강인한 의지와 자신감을 가지게 될 것이다. 긍정적인 자아상을 형성하고 자신을 다른 아이들과 비교하지 않을 것이다. 더 행복해지고 성공할 것이며, 넉넉한 마음을 가지게 될 것이다. 이건 정말 효과가 있다!

페이스북이나 인스타그램 같은 소셜 미디어는 아이들에게 위험할 수 있다. 인터넷에서 먹잇감을 노리는 범죄자, 사이버 폭력, 우울증, 자살 등 최악의 시나리오를 제외하더라도, 작은 공격조차 오랜 시간 동안 쌓여서 아이들의 자존감에 영향을 주거나 반사회적 태도를 부추길 수 있다.

부모인 우리가 언제나 아이들의 곁에 있을 수는 없다. 특히 아이들이 성장할수록 더욱 그렇다. 하지만 우리는 아이들이 현시대를 잘 헤쳐 나갈 수 있도록 아이들을 준비시켜줄 수는 있다. 셀프 토크를 사용해서 바로 오늘 우리 아이들의 삶을 극적으로 개선할 수 있다. 다만, 부모인 우리 자신부터 변화해야 한다. 우리부터 행동으로, 그리고 셀프 토크로 보여줘야 한다.

나는 우리 아이들에게 셀프 토크를 가르치는 것을 통해 변화하게 될 우리 세상의 미래를 열렬히 기대하고 있다. 셀프 토크를 하면 부모인 우리의 인생이 더 나아지게 될 뿐 아니라, 미래 세대 역시 번창할 것이다. 우리 아이들을 미래에 대비시키는 것이라고 생각하라! 우리 모두 함께 스스로를 사랑하고 아이들에게 스스로를 사랑하는 방법을 보여줌으로써 더 나은 인생을 개척하자! 우리는 변화를 일으킬 수 있다!

나는 이런 변화가 가능하다는 것을 안다. 내 인생에서 매일 목격하고 있기 때문이다. 나는 내 커피 셀프 토크 프로그램을 활용해 내 인생에 있는 다른 사람들(가족, 친구, 블로그 구독자, 소셜 미디어에서 교류하는 사람들)에게도 긍정적인 영향을 미치고 있다. 내 셀프 토크는 나를 더 다정하고, 배려심 깊은 친절한 사람, 그리고 부모로 만들었다. 내가 커피 셀프 토크를 처음 시작했을 때 내 딸은 내 태도와 행동에서 일어난 변화를 곧바로 알아챘다. 그리고, 매일 하루에 몇 시간씩 나에게 홈스쿨링을 받았던 내 딸은 새롭게 변한 내 모습을 매우 좋아했다!

우리 모두 아이들이 호기심 많은 생물체라는 것을 안다. 우리는 이렇게 아이들의 선천적인 호기심을 이점으로 활용할 수 있다. 내 딸은 내가 커피 셀프 토크를 하는 모습을 보고, 셀프 토크에 대한 모든 것을 알고 싶어 했다. 특히 내가 스마트폰에 저장해놓고 읽은

스크립트에 예쁜 그림이 포함되어 있었기 때문에 더 궁금해했다. 딸은 항상 내 어깨너머로 내가 휴대전화로 뭘 하려고 하는지 유심히 지켜본다. 그 순간은 딸에게 셀프 토크를 배우라고 강요할 필요 없이 셀프 토크에 대한 모든 것을 가르쳐줄 절호의 기회였다.

어릴 적부터 셀프 토크를 해온 내 남편은 내가 뭘 하는지 알았고 셀프 토크를 따로 가르쳐줄 필요가 없었다. 다만 내 셀프 토크에 모닝커피와 같은 데일리 의식을 추가한다는 아이디어에 열광했다. 남편은 심리학 학위를 가지고 있고, 개인적으로 의식의 힘과 남편이 의도를 갖고 강력한 습관을 '설치'한다고 부르는 행위(마치 여러분의 컴퓨터에 소프트웨어를 '설치'하는 것처럼)를 열렬히 신봉했다.

여러분의 가족에게 셀프 토크에 대한 흥미를 불러일으키는 또 다른 방법은 단순히 셀프 토크를 가족들 앞에서 하는 것이다. 나는 온종일 집안일을 하면서 내 셀프 토크에 있는 문장 몇 가지를 소리 내어 말한다. 다른 사람이 내 말을 들어도 신경 쓰지 않는다. 하루는 빨래를 널면서 내가 우리 가족이 사는 인생을 얼마나 많이 사랑하는지 큰 소리로 말했다. 나는 자기 자신을 향해 셀프 토크를 소리 내어 말한 것이었지만, 딸이 태블릿 기기를 보면서 옆에 있었기 때문에 딸에게 내 말이 들린다는 사실을 알았다. 나는 이렇게 말했다.

"우리는 최고로 멋진 인생을 살고 있어. 우리는 정말 축복받고 운이 좋은 가족이야. 우리는 정말 멋진 인생을 설계하고 있고, 우리가 바라는 꿈을 실현하는 데 우리가 지닌 힘이 미치는 강력한 영향력을 생각하면 가슴이 뛰어."

몇 분이 지난 뒤, (이야기 쓰기를 매우 좋아하는) 딸이 자신의 확장적인 이상향의 모습을 풀어내기 시작하며 이렇게 말했다.

"나는 언젠가 J. K. 롤링만큼 유명해질 거야! 앗, 아냐 난 J. K. 롤링보다 더 유명해질 거야!"

우와, 내 딸은 큰 목표를 가지고 있구나! 나는 속으로 소리를 지르고 내 자신과 하이파이브를 했다. 딸은 이미 사고방식을 확장하며 담장 너머로 공을 보내기 위해 크게 스윙하는 법과, '대담하고 도전적인 큰 목표BHAGs(Big Hairy Audacious Goals의 약자, 주로 기업에서 조직원들에게 동기를 부여하기 위한 수단으로 사용된다-옮긴이)'를 세우고 그 목표를 소리내어 말하는 법을 익혔다. 이 모든 것은 내가 세운 본보기 덕분이었다.

여러분의 아이들이 셀프 토크를 하도록 만드는 첫 단계는 여러분 스스로 본보기가 되어 셀프 토크를 하는 것이다. 아이들에게 여

러분이 무엇을 하고 있는지와 그것을 왜 하는지 설명해주고, 여러분이 사용하는 스크립트를 보여주면서 프로세스를 이해할 수 있게 한다. 만약 아이들의 나이가 4~6살 정도로 어리다면, 다음의 스크립트를 읽어주면서 1줄씩 따라서 말하게 하는 것도 좋다. 아이들의 나이가 많아지면 셀프 토크를 혼자 하고 싶어 할 수도 있다. 내 10살 짜리 딸은 셀프 토크를 혼자 하는 편을 선호하지만, 내가 같이하자고 하면 같이해준다.

여러분(또는 아이들)이 셀프 토크를 매일 같은 시간대에 할 수 있도록 루틴을 만들어라. 여러분이 하루를 시작하는 아침에 할 수도 있고, 밤에 아이들에게 이불을 덮어주면서 할 수도 있다. 아이가 어릴 때 여러분의 무릎 위에 아이를 올려놓고 안아주는 것은 유대감을 형성하고 시간을 함께 보내는 좋은 방법이다. 아니면 아이들은 여러분이 셀프 토크를 읽어주는 동안 슈퍼히어로처럼 망토와 방패를 걸치고 여러분이 읽어주는 내용을 복창하는 방법을 좋아할지도 모른다!

아이들이 성장하면 스스로 셀프 토크를 읽고 창의력을 발휘해서 자신의 스크립트를 직접 만들 수 있을 것이다. 내 딸이 가장 좋아했던 셀프 토크 방식은 나에게 허락을 받고 화장실 거울에 화이트보드 마커로 셀프 토크를 쓰고 그 옆에 그림을 그렸던 것이었다. 딸이 오롯이 혼자 생각해낸 몇 가지의 셀프 토크는 나를 깜짝 놀라게 했

다. 이 나잇대의 아이들, 그러니까, 7살이 넘는 아이들의 경우 셀프 토크를 할 때 프라이버시를 중요시할 수 있지만, 아이마다 조금씩 다르다. 옷장 안에 들어가서 혼자 하든, 지붕 위에서 소리를 지르며 하든, 셀프 토크를 하는 잘못된 방법은 없다. 어떤 방법이든, 여러분은 아이들이 셀프 토크를 할 특별한 시간과 장소를 찾는 것을 도와줄 수 있다. 중요한 건 아이들이 셀프 토크를 하는 것 그 자체, 그리고 규칙적으로 셀프 토크를 하는 것이다.

셀프 토크의 문장이 아직 사실이 아닌 경우, 아이들은 셀프 토크에서 진실이라고 표현한 문장에 의문을 품을 수 있다. 이건 괜찮다. 아이들에게 이 말은 거짓말이 아니며, 단지 "우리 뇌를 우리가 원하는 방식으로 프로그래밍하는 것일 뿐이야"라고 설명해주어라.

나이가 7살 정도(그리고 그 이상)인 아이들의 경우, 아이들에게 스크립트를 들려주기 전에 미리 이 내용을 설명하라. 이렇게 하면 프로세스와 여러분의 동기에 대한 혼란과 의심을 방지하는 데 도움이 될 것이다.

살면서 셀프 토크를 해본 적이 없는 아이라면, 나이가 들수록 셀프 토크가 여러분에게 얼마나 강력한 영향을 미쳤는지 확인했을 때 가장 큰 관심을 보일 것이다. 처음에 일부 아이들은 셀프 토크라는 아이디어에 거부감을 보이는데, 이는 아이가 스스로에 대해 느끼는 감정을 꽤 잘 반영하는 신호다. 이런 경우 나라면 그 아이가 계속 셀프 토크를 하게 만들기 위해 무엇이든 하려고 할 것이다. 초반에 셀프 토크가 아이들에게 진실하지 못하거나 바보 같게 느껴진다고 하더라도 그런 강력한 단어들은 여러분 아이의 마음속에 비집고 들어가서 결국에는 뿌리를 내릴 것이다.

솔직히 나는 셀프 토크 습관이 형성되는 초기에 아이들에게 보상을 주는 방법을 반대하지 않는다. 예를 들어, 여러분은 셀프 토크를 21일 연속으로 매일 하겠다고 다짐한 아이에게 보상을 줄 수 있다. 아니면 일주일에 한 번씩 보상을 줄 수도 있다. 가령 일주일에 한 번씩 아이들에게 음악 앱에서 음악을 고르게 하거나, 원하는 책이나 게임을 선택하게 할 수 있다. IT 기술을 활용하는 데 익숙한, 좀 더 연령이 많은 아이들은 내가 이 책의 2부에서 어른들에게 제안했던 것처럼 셀프 토크에 음악이나 그림을 추가하는 것을 좋아할 수도 있다. 내 딸은 스티커와 그림이 들어있는 것이라면 무엇이든 좋아했기 때문에 옛날 방식대로 펜과 종이로 일기를 쓰는 방법에 흥미를 느꼈다.

요점은 아이가 몇 살이건 상관없이 셀프 토크를 알려줘야 한다는 것이다. 아이의 나이가 더 어릴수록 더 좋다. 매일 단순히 1문장을 몇 번씩 반복하건, 스크립트 전체를 읽건, 셀프 토크는 긍정적인 자존감을 촉발하고, 여러분의 아이들이 멋진 성공과 사랑을 맞이할 수 있도록 준비시킬 것이다.

'어린이'를 위한 셀프 토크 스크립트 샘플

- 나는 사랑을 받을 자격이 있다.
- 나는 나를 좋아한다.
- 나는 멋진 창조자이며, 탐험하는 것을 좋아한다.
- 나 자신을 사랑하는 것은 재미있다.
- 나는 놀고, 탐험하고, 나로 사는 것이 즐겁다. 나는 나를 좋아한다.
- 기회의 세상이 나를 기다리고 있다. 나는 인생이 기대된다.
- 나는 내가 마음에 품고 생각하는 모든 일을 해낼 수 있다. 이 기분은 정말 멋지다.
- 나는 사람들에게 베푸는 것을 좋아한다. 사람들에게 베풀면

기분이 좋기 때문이다.

- 나는 착한 어린이다. 나는 온종일 내가 착한 어린이라고 생각한다.
- 나는 좋은 사람이다.
- 나는 항상 말이나 행동을 하기 전에 다른 사람의 기분을 고려한다.
- 나는 매 순간 온 마음을 다해 사랑을 느낀다.
- 나는 나를 응원하는 치어리더다. 힘내라, 힘!
- 나는 다른 사람들을 도와주는 것이 좋다.
- 나는 내 몸을 돌보는 것이 좋다. 내 몸을 돌보면 건강하고 튼튼해질 수 있기 때문이다.
- 나는 새로운 일을 하는 것이 좋다. 새로운 일을 하는 것은 재미있기 때문이다.
- 나는 사랑받고 존중받을 자격이 있다.
- 나는 언제나 배울 준비가 되어있다. 나는 멋진 뇌를 가지고 있고, 끈기가 있고, 배우기 위해 매일 최선을 다해 노력하기 때문이다.
- 나는 내 인생을 빛나고 반짝거리게 만든다. 나는 에너지와 사랑으로 가득 차 있기 때문이다.
- 인생은 재밌는 대모험이고, 나는 매일 잠에서 깨어나는 것이 설렌다.
- 나는 재미있는 사람이고, 나를 좋아한다.

- 나는 창의적이고, 아이디어로 가득 차 있고, 능력이 있다. 나는 도전을 즐기고, 온 힘을 다해 끝까지 해낸다.
- 나는 무엇이든 할 수 있다. 나는 아무도 말릴 수 없기 때문이다. 나는 무슨 일이 있어도 계속 앞으로 나아간다!
- 나는 창의적인 아이디어가 무지막지하게 많다. 나는 창의적인 아이디어를 열린 마음으로 받아들이기 때문이다.
- 나는 나를 사랑한다. 나는 나를 언제나 사랑할 것이다.

얘야, 넌 산을 옮길 수도 있을 거야! 오늘의 주인공은 바로 너야!
너의 산이 널 기다리고 있으니, 어서 시작하렴!

ㅡ 닥터 수스 Dr. Seuss

옮긴이 최 영 민

성균관대학교 글로벌경제학과를 졸업하고 삼성전자에서 근무했다. 글밥아카데미 영어 출판번역 과정을 수료하고, 현재 바른번역 소속 전문번역가로 활동 중이다.

옮긴 책으로는 《7가지 코드》, 《휴먼 클라우드》, 《2022 세계경제대전망(공역)》, 《뉴 스타트업 마인드셋》 등이 있다.

잠재의식을 깨우는 하루 5분 루틴
커피 셀프 토크

1판 1쇄 인쇄 2023년 5월 22일 | **1판 1쇄 발행** 2023년 6월 12일

지은이 크리슨 헴스테터
옮긴이 최영민

발행인 신수경
책임편집 신수경
디자인 디자인 봄에
마케팅 용상철 | **제작·인쇄** 도담프린팅 | **종이** 아이피피
발행처 드림셀러
출판등록 2021년 6월 2일(제2021-000048호)
주소 서울 관악구 남부순환로 1808, 615호 (우편번호 08787)
전화 02-878-6661 | **팩스** 0303-3444-6665
이메일 dreamseller73@naver.com | **인스타그램** dreamseller_book
블로그 blog.naver.com/dreamseller73

ISBN 979-11-92788-07-4 (03320)

- 책값은 뒤표지에 있습니다.
- 잘못 만들어진 책은 구입한 곳에서 바꾸어 드립니다.

※ **드림셀러는 당신의 꿈을 응원합니다.**
　드림셀러는 여러분의 원고 투고와 책에 대한 아이디어를 기다립니다.
　주저하지 마시고 언제든지 이메일(dreamseller73@naver.com)로 보내주세요.